Scrittori italiani e stranieri

Alessandro Piperno

Ogni maledetta mattina

Cinque lezioni sul vizio di scrivere

Roma 26·04·23

A D[illegible]

MONDADORI

Dello stesso autore in edizione Mondadori

Con le peggiori intenzioni
Persecuzione. Il fuoco amico dei ricordi
Inseparabili. Il fuoco amico dei ricordi
Pubblici infortuni
Il manifesto del libero lettore. Otto scrittori di cui non so fare a meno
Dove la storia finisce
Di chi è la colpa
Proust senza tempo
Aria di famiglia

mondadori.it

Ogni maledetta mattina
di Alessandro Piperno
Collezione Scrittori italiani e stranieri

ISBN 978-88-04-76156-3

I edizione aprile 2025

Ogni maledetta mattina

I libri non si fanno come i bambini, ma come le piramidi, con un disegno premeditato, e mettendo grandi blocchi uno sopra l'altro, con fatica, tempo e sudore.

GUSTAVE FLAUBERT

IL BRIVIDO AI POLPASTRELLI

I nutrizionisti giapponesi – una categoria che in patria gode di prestigio pressoché unanime – consigliano ai loro pazienti di alzarsi da tavola non completamente sazi.

Pare che ai giovani narratori che gli chiedevano dritte sulla scrittura Ernest Hemingway facesse un'analoga raccomandazione: smetti un attimo prima che ti passi la voglia. Un suggerimento oltremodo prezioso per chi vive di ciò che scrive. (Lo dico qui, sperando che il lettore non se ne scordi più: il verbo "vivere" riguarda solo incidentalmente la parte alimentare della faccenda.)

Poiché la scrittura, un po' come gli sport agonistici, esige costanza e disciplina, è importante che si amministrino le forze in modo che lo slancio non venga mai meno. Insomma, guai a perdere il ritmo.

Ecco perché non ha molto senso chiedere a uno scrittore se ami o no il proprio mestiere. Provateci pure, se vi va. Ciò che otterrete è un'accozzaglia di risposte pompose, elusive e farraginose. Al di là del mero godimento (che certo non va sottovalutato e che occuperà un intero capitolo di questo libro), scrivere è una necessità talmente impellente da trasformarsi in qualcosa in bilico tra vizio e tortura. Sulla questione mi pare che non si possa dire molto di più di quanto affermato dal serafico Philip Larkin: "Si scrive perché si sente il dovere di farlo".

È pressappoco la stessa ragione doviziosamente sviscerata da Jean-Paul Sartre ne *Le parole*, la sua rapsodia autobiografica. Chi scrive impara presto che le parole non servono a dare un nome alle cose, bensì a realizzarle, a conferire loro sostanza e verità. Non occorre leggere Wittgenstein per capire che senza le parole le cose non esistono. "Sono nato dalla scrittura: prima, c'era solo un gioco di specchi; a partire dal mio primo romanzo, seppi che un bambino s'era introdotto nel palazzo degli specchi. Scrivendo, esistevo, mi sottraevo alle persone grandi; ma non esistevo che per scrivere, e se dicevo: io, ciò significava: io che scrivo."

Per destino anagrafico appartengo alla generazione di scrittori che non hanno mai preso in mano una penna. Niente mi mette più in crisi di un foglio bianco. Ogni volta che devo compilare un documento ufficiale le mie dita tremano di timore e imbarazzo.

Avevo appena compiuto sedici anni quando, grazie a un amico dei miei genitori, riuscii a mettere le mani su un laptop (a quei tempi, un lusso inimmaginabile). Non dimenticherò mai il massiccio Toshiba color grigio topo che sancì la mia entrata nel mondo degli adulti come neanche un bar-mitzvah. Un'enfasi quanto mai adeguata a descrivere la ventata di libertà che quell'attrezzo nient'affatto maneggevole portò nella mia adolescenza. Non saprei fornire il numero di computer che nel frattempo si sono avvicendati, ma so che ciascuno di essi, per un periodo più o meno prolungato, ha servito fedelmente la causa, ricoprendo nella mia vita la funzione della proverbiale coperta di Linus.

Un'estate di parecchi anni fa, dopo la pubblicazione del mio primo romanzo, volendo prendermi la pausa che credevo di meritare, partii per una vacanza all'estero lasciando a casa il computer. Il solo ricordo che conservo del paese esotico in cui soggiornai per due interminabili settimane è l'astinenza. Senza computer la mia vita aveva perso di slancio. A consolarmi non bastava nemmeno la consapevolezza di trovarmi in quella terra di nessuno che qualsiasi scrittore conosce: lo spazio bianco che separa il sollievo prodotto dall'aver appena licenziato un libro dall'impellenza di gettarsi a capofitto nella stesura del successivo. Non solo non avevo lasciato alcun progetto in sospeso, ma non avevo idea di quale fosse la nuova avventura da intraprendere. Eppure, senza il computer non riuscivo a liberarmi da quel senso di vuoto che ogni mattina prendeva forma in un brivido ai polpastrelli. Ero come il fumatore di quella storiella: intrappolato su un'isola deserta, pur disponendo di parecchie stecche di sigarette manca però di un accendino. Da allora le prime cose che metto in valigia sono il computer e la pipa.

Sarà per questo che fatico a ridurre la scrittura a un mero mezzo di comunicazione. In tanti anni di esercizio anche a me è capitato di sentirmi chiedere cosa avevo voluto dire scrivendo quel certo libro, quale storia avessi da raccontare. Non c'è stata volta in cui sia riuscito a esprimermi sulla faccenda in modo chiaro e onesto. E mica per qualche remora, ma solo per l'incapacità di definire una questione inestricabile. Davvero si scrivono libri perché si ha qualcosa da dire o una storia da raccontare? Mi domando se in realtà le cose non funzionino altrimenti: non avendo molto da dire e nessuno a cui dirlo, non disponendo di storie da raccontare, non ti resta che scrivere. Mi rendo conto che messa così sa tanto di paradosso alla Oscar Wilde. Ma se ci pensate, non lo è affatto. Naturalmente un discorso del genere non va applicato alle scritture di servizio – quella dei cronisti o dei legulei –, bensì alla cosiddetta composizione artistica.

Per poco che conta la mia esperienza – prometto che nelle prossime pagine la chiamerò in causa lo stretto indispensabile – posso dire che la scrittura, più che da mezzo di comunicazione, funge da strumento di conoscenza. Assimilabile ai cinque sensi forniti dalla natura, e per molti versi altrettanto subdola e inattendibile, ti consente di entrare in rapporto con il mondo. Incredibile che una cosa così piccola possa aprirsi a orizzonti infiniti. Dato che oggi va parecchio di moda, si potrebbe intendere la scrittura come una forma primitiva di intelligenza artificiale. Non scrivi per affermare il tuo punto di vista ma per trovarne uno plausibile e adeguato alle circostanze. Non scrivi perché sei intelligente ma perché speri di diventarlo. Nei momenti migliori ti capita di sentirti nelle mani di un ordine superiore che dispone di te come crede. È difficile non concordare con Faulkner, il quale, interpellato sulla questione, rispose che per lui non c'era "nulla di nuovo da dire". Era la scrittura, il tempo che le dedicava, a creare spazi nuovi nella forma più imprevedibile. Per lui scrivere era mettersi al servizio del mondo.

Vorrei che quanto ho appena detto non venisse frainteso o equivocato. Non intendo avallare la diceria romantica secondo cui lo scrittore di narrativa è in balia delle sue storie e dei suoi personaggi. Non si scrive sotto dettatura di un fantasma. Non è così che funziona. Di solito quando si inizia un libro ci si illude di aver chiara la direzione da intraprendere. Come certi pittori rinascimentali che prima di allestire un affresco si esercitavano con bozzetti e disegni preparatori, il narratore coscienzioso riempie di appunti i propri taccuini. Il bello è che raramente il frutto di tante premure soddisfa le aspettative. Non nel senso che il risultato sia sempre peggiore di come l'avevi immaginato. Può essere anche parecchio migliore. Semmai è difficile accettare l'idea che l'esito di tali sforzi dipenda dall'interazione tra progetti campati in aria e lavoro sul campo.

È questa discrasia tra potenza e atto a rendere la scrittura un'avventura avvincente. Nessuno di noi è davvero consapevole di ciò che è chiamato a scrivere. Come ammonisce Flaubert: "Non si è del tutto liberi di scrivere questa o quella cosa. Non si sceglie il proprio argomento. Ecco quello che pubblico e critica non capiranno mai. Il segreto dei capolavori è là, nella corrispondenza del soggetto con il temperamento dell'autore".

Ci sono intuizioni promettenti, se non addirittura geniali, destinate a dissolversi nella nebbia, e idee convenzionali pronte a spiccare il volo.

Come sapevano bene i grandi autori postromantici – Poe, Baudelaire, Flaubert, Mallarmé, Valéry –, non ha senso mettere in contrapposizione lavoro e ispirazione. Di fatto sono inseparabili, come le coppie di pappagalli condannate a vivere insieme finché morte non le separi. "L'ispirazione" scrive Baudelaire "è indubbiamente sorella del lavoro quotidiano. Questi due contrari non si escludono più di quanto si escludano tutti i contrari che costituiscono la natura." Scrivere quando si è ispirati è un privilegio raro, ma può essere anche un rischio e uno spreco, se non altro perché il più delle volte l'ispirazione viene scrivendo.

Del resto, è utile ricordare che la scrittura (specie quando riguarda un'opera di una certa ampiezza) non è un processo che si compie esclusivamente alla scrivania. In tal senso, trovo la seguente frase di Stefan Zweig oltremodo fuorviante: "Nessun artista può essere costantemente artista, per tutte le ventiquattro ore d'ogni sua giornata; ciò che riesce a creare di essenziale, di duraturo, si produce sempre e soltanto nei pochi, rari momenti di ispirazione".

Non è così. Si scrive anche senza una tastiera a portata di polpastrelli: nella fila di un supermercato, seduti al tavolino di un bar o a letto nei minuti preziosi che precedono il sonno.

Non sorprende che un'esperienza comune a molti scrittori sia la paura di morire che li assale nelle ultime fasi della stesura di un libro. Non è semplice ipocondria. A terrorizzarli è l'idea che la morte interrompa sul più bello l'iter creativo in cui sono immersi fino al collo. Un accidente triste come un aborto.

A tal proposito, è emblematico l'aneddoto raccontato da Céleste Albaret, la domestica di Marcel Proust. Stando ai suoi ricordi, un certo giorno Proust la convocò nell'antro in cui viveva recluso da anni.

Eccolo lì, il piccolo Marcel, avvolto nella proverbiale nebbia di suffumigi e intabarrato nella pelliccia. Céleste non lo ha mai visto così ilare e soddisfatto. Sembra un bambino. Dopo una serie di convenevoli, le comunica, con la dovuta enfasi, di aver scritto la parola "fine" al suo libro, aggiungendo che, a questo punto, il più è fatto: ora può morire in pace.

> "Oh, Monsieur, non parli di questo" gli dissi. "La vedo troppo felice per essere riuscito a portare a termine quel che voleva, e anch'io lo sono! Ma poiché la conosco, temo che dovrò ancora incollare di quelle strisce di carta, con altre correzioni."
>
> Rise: "Questa è un'altra cosa, Céleste. L'importante è che da questo momento sono in pace. Non avrò dato la mia vita invano".

Per una volta non occorre stare lì a interrogarsi sull'autenticità di una testimonianza dai risvolti sin troppo proustiani per non destare nel lettore smaliziato qualche dubbio legittimo. Non gliene vogliamo di certo, alla cara Céleste. Anzi, le siamo grati di aver dato forma nel modo più semplice al cruccio che più angustiava il suo datore di lavoro: il terrore di non disporre del tempo necessario per portare a termine la maestosa opera in cui da anni viveva impelagato.

Del resto, non bisogna aver scritto la *Recherche* per conoscere l'incanto di certi momenti privilegiati. Chi li ha vissuti lo sa: scrivere la parola fine in coda a un libro – tanto più se quel bastardo ti ha dato filo da torcere – è un'esperienza tra le più appaganti. Per molti versi assimilabile a quella dello studente che dopo tredici anni di patemi ottiene finalmente il sospirato diploma. Ecco spalancarglisi di fronte un'estate di delizie, e all'orizzonte i fasti della vita adulta.

Dunque, per questo si scrive? Per sgravarsi il prima possibile del peso di un libro? Nient'affatto. Il sollievo dura poco. Un paio di settimane e l'euforia del trionfo lascia il campo alla solita frustrazione. Ci si sente orfani. E ora? Che faccio? Che ne sarà di me senza un libro da scrivere? Quindi non è vero che si scrive per raggiungere una qualche meta lontana? Certo che no. E allora per cosa? Forse per il masochistico piacere che il giovane Flaubert raccomandava a Louise Colet: "Non c'è nulla di così terribile e al contempo consolante come una lunga opera davanti a sé. Ci sono tanti ostacoli da rimuovere e tante buone ore da passare! ". Come dire, non curarti della meta, goditi il viaggio.

Tempo fa un'amica un po' più vecchia di me mi confidava di non aver mai riletto una sola riga di quelle scritte in trent'anni e passa di carriera. Mi ha spiegato che per non cadere in tentazione ha liberato gli scaffali di casa dall'ingombro dei suoi libri. Inoltre, ha proibito all'editore di assoldare attori durante le presentazioni. A qualcuno un simile ritegno potrà apparire vezzoso e irragionevole, dettato da scrupoli irrimediabilmente nevrotici. A me, invece, sembra un modo sano di gestire un lavoro che di sano ha ben poco. Perché crogiolarsi negli allori o elucubrare sulle sconfitte se il solo libro degno di attenzioni costanti e amorevoli è quello che stai scrivendo?

Sarà bene chiarire a questo punto che non è mia intenzione interrogarmi sulla necessità umana di raccontare storie. Un argomento un tantino logoro: cos'altro aggiungere al riguardo? Del resto, chi scrive non sempre ha in mente una storia. Talvolta è mosso dal desiderio di rappresentare oggetti, ambienti e personaggi.

Vorrei soffermarmi sul mistero della scrittura, su nient'altro che questo: il gesto, la perversione, il demone che la ispirano e non smettono di fomentarla, il tempo che si prende e che a quanto pare non basta mai. Chiunque la pratica con assiduità sa che con il passare degli anni la scrittura assume la monotonia di un vizio e la solennità di un rito.

Né desidero prendere troppo sul serio le suggestive divagazioni sulla scrittura di Roland Barthes:

> La scrittura è sempre dalla parte del gesto, mai dalla parte del viso: essa è tattile, non orale. (...) In definitiva, pur essendo di recente apparizione (qualche millennio prima di noi), la scrittura mantiene qualcosa d'originario – proprio come l'arte astratta d'oggi, così prossima all'arte preistorica.

Se Barthes dava conto soprattutto degli aspetti pratici della scrittura, è mia intenzione interrogarmi sulla fase immediatamente precedente, altrettanto misteriosa: lo stadio embrionale e inoperoso in cui prende corpo il desiderio. A interessarmi sono i moventi travestiti da bisogni che spingono un individuo a prendere una penna in mano o a mettersi di fronte al computer.

Ciascuno degli autori che chiamerò a testimoniare (la maggior parte dei quali morti da decenni o da secoli) era animato da urgenze peculiari: dalla vanità all'esigenza di capire il mondo, dall'odio per gli altri alla foga di incidere sulla società, dal bisogno di testimoniare un sopruso subito al sogno di costruire mondi alternativi, dalla volontà di dar voce agli umili al desiderio di sfottere le contesse. Per alcuni la letteratura era l'unica vera vita, per altri poco più che un ripiego. Ma al di là di ogni eloquente dichiarazione d'intenti, a unirli era questa smania irrefrenabile e priva di scopi che chiamiamo scrittura.

Fino a qualche tempo fa mai mi sarei sognato di mettermi a lavorare su un libro del genere. Figuriamoci. Una meditazione sull'arte di scrivere. Sa tanto di crisi di mezza età. C'è chi si fa un trapianto tricologico, chi compra una decappottabile, chi prende la patente nautica... E c'è invece chi si ferma, si guarda indietro e prova a interrogarsi sul brivido ai polpastrelli che dopo tanti anni non è ancora venuto meno. Sempre lì, sul pezzo, ogni maledetta mattina.

Intitolare *Ogni maledetta mattina* un libro sul vizio di scrivere può suonare tendenzioso, se non proprio fuorviante. Tanto più se si considera che la maggior parte degli autori che amo erano incalliti nottambuli. Se mi sono preso questa licenza è solo perché, nel mio piccolo, associo la felicità all'abitudine contratta poco più che adolescente di alzarmi presto al mattino e di mettermi al lavoro incoraggiato dal silenzio dell'alba e dal profumo di caffè.

E il punto è tutto qui: la felicità. Da fuori la si sottovaluta. Pur di non nominarla la si trasfigura in ispirazione. Pur di negarla la si riduce al suo contrario: nevrosi, tormento, dolore. Ma resta il fatto – e ogni scrittore in cuor suo lo sa – che non esiste opera letteraria, per quanto isterica, disperata e intrisa di pianto, che non sia figlia della felicità. Anche quando parla di morte, anche quando arde di sdegno, anche quando rimpiange o censura, la letteratura non può fare a meno di glorificare se stessa, e in tal modo di celebrare la vita.

Mi piace pensare che tutto abbia avuto inizio il pomeriggio in cui un introverso cavernicolo si mise a imbrattare la grotta di famiglia con disegni tanto variopinti quanto rudimentali. Erano parecchie le cose che ignorava. Per esempio, non sapeva (come avrebbe potuto?) che un giorno uomini il cui aspetto e tenore di vita gli sarebbe stato impossibile immaginare avrebbero sentito l'esigenza di dare un nome a quei suoi scarabocchi ("pitture rupestri"). Quanto al futuro, i suoi orizzonti erano piuttosto limitati. Per il momento a impensierirlo era la smania che lo aveva contagiato. Cosa diavolo gli era preso? Da dove proveniva una così impellente necessità espressiva? E perché una volta iniziato non solo non riusciva a smettere, ma non pensava ad altro? E dire che ne avrebbe avute di cose da fare. E poi, va bene raccontare una storia, ma perché inciderla sulla parete di una caverna? Solo per il mero gusto di riprodurla nel modo più vivido? Per conservarne i momenti salienti a futura memoria? O per la necessità di stravolgerla?

Non sarà mica un caso che tale questione venga posta, sin dalle prime righe, da una delle più remote opere di prosa a noi pervenute.

> Erodoto di Alicarnasso espone qui il risultato delle ricerche da lui condotte, a fine che il ricordo di tanti avvenimenti umani non sia cancellato dal tempo, e non rimangano oscure le grandi e mirabili imprese dei greci e dei barbari, e si conoscano inoltre le cause per cui questi vennero a guerra tra loro.

Proprio così. Un attimo prima di sommergerci con le sue fluviali cronache di guerra, Erodoto di Alicarnasso, rampollo di una famiglia aristocratica, soldato in carriera, avverte l'esigenza di giustificare la sua scelta di mettersi a scrivere, come se in cuor suo temesse che la grande opera cui sta per consacrarsi possa essere giudicata inutile e perniciosa.

Uno scrupolo che fa il paio con l'esigenza degli autori epici di invocare le Muse. Anch'essi evidentemente, per dare un senso a imprese così magniloquenti, hanno bisogno di proteggersi dietro al vessillo di una forza superiore. Come dire: cari lettori, non prendetevela con me, obbedisco a un ordine supremo che mi trascende.

Venendo a tempi più recenti, persino a un gentiluomo mite come Montaigne, in pieno Rinascimento, ogni tanto capita di fermarsi a meditare sulla faccenda. Cosa induce un tipo pigro come lui, alle soglie della mezza età, mentre il mondo intorno va in fiamme per le solite diatribe religiose, a raccogliere dei pensieri sulla vita in un libro confuso e disorganico? La noia? Il gusto di intrattenere con le proprie facezie la sparuta platea di lettori colti e aristocratici in grado di comprenderlo? O ad animarlo è la convinzione che disperdere il patrimonio di saggezza accumulato sia un peccato? Almeno lui non ha più bisogno dell'aiuto o dell'intercessione delle Muse. Scettico com'è, umanista fino al midollo, obbedisce solo ai capricci della sua coscienza. La devozione ai classici, da cui ha tratto piacere e tante belle nozioni, lo ha persuaso che scrivere non è un diritto, e nemmeno un dovere, bensì una necessità. Può darsi che in un recesso della sua anima dubbiosa speri che un giorno qualcuno trarrà giovamento dai suoi saggi. Per quanto presuntuoso possa essere, e fiero del lavoro che sta svolgendo, non può prevedere l'importanza che i posteri attribuiranno alle sue elucubrazioni sulla natura umana ("l'umana condizione", così ama chiamarla).

Insomma, chiunque realizzi un manufatto letterario – che sia un sonetto, una pièce, un romanzo, finanche una sceneggiatura – prima o poi troverà il modo di porsi la domanda delle domande: perché lo sto facendo? E perché nei mesi, negli anni che impiego a farlo non riesco a pensare ad altro? Perché pur di arrivare alla fine sono disposto a spendere le poche risorse intellettuali di cui dispongo?

Un florilegio di interrogativi talmente imbarazzanti da autorizzare un ventaglio pressoché infinito di risposte. Tra le tante ho sempre avuto un debole per quella che Raymond Radiguet spiattellò in faccia a un giornalista: "Perché non chiede ai lettori perché leggono?".

La scrittura è pratica antica e longeva. A colpire è la sua capacità di non passare mai di moda. Persino la pittura e le cosiddette arti plastiche hanno dovuto cedere il passo all'avvento delle nuove tecnologie, a forme più svelte e spettacolari di rappresentazione multimediale. La scrittura, un po' come la musica, è lì che resiste indefessa. Dato che si tratta di un esercizio faticoso, obsoleto e nient'affatto pratico, vien da chiedersi il perché. Considerando i passatempi offerti dalla contemporaneità mi pare incredibile che ci sia ancora tanta gente che vi si dedica sia in modo professionale che dilettantesco. Se leggere stanca, scrivere è uno strazio. E non parlo dello stress fisico che comporta, né della pazienza e concentrazione che richiede, ma delle pene di ordine morale in serbo per chi l'affronti animato da ambizioni artistiche. Chi aspira all'originalità deve continuamente scendere a patti con i propri limiti intellettuali. Chi è in cerca di uno stile va quasi sempre incontro al fallimento. Per non parlare delle speranze di essere letti e ben accolti, perlopiù destinate a infrangersi contro l'indifferenza del mondo.

E allora perché insistere? Perché dannarsi l'anima mettendo a repentaglio in un colpo solo salute psichica e reputazione? Come può questa forma di espressione arcaica tenere in scacco tanta gente?

Date le circostanze, è impossibile non evocare la schizofrenia che ci affligge fin dai tempi di Omero: la dialettica tra vita e arte. Un vecchio adagio recita che chi eccelle nell'una è destinato a fallire nell'altra. Un luogo comune che annovera tra i suoi propugnatori scrittori del calibro di Mallarmé, Kafka e Pirandello. A quest'ultimo dobbiamo una frase famosa e fin troppo citata: "La vita o si vive o si scrive".

Naturalmente le cose non stanno proprio così. La storia della letteratura pullula di uomini di azione: da Archiloco a Marco Aurelio, da Benvenuto Cellini a Giacomo Casanova, da Joseph Conrad a Jack London, da André Malraux a Bruce Chatwin. Resta il fatto che la scrittura ha sempre offerto – persino agli scrittori più avventurosi – un'alternativa agli imprevisti cui la vita non si stanca di sottoporci. Per minata che sia da mille irrequietezze, essa offre, a chi ne fa buon uso, irripetibili occasioni di decantazione.

Ecco perché non c'è scrittore serio che non coltivi la speranza di creare un'opera capace di bastare a se stessa, un mondo alternativo in cui far quadrare i conti. Poiché la scrittura pone perlopiù problemi di ordine pratico, può essere sottoposta a revisioni infinite. Da qui la tonificante illusione di poter esercitare su di essa un pieno controllo. Non azzardatevi a entrare. Sono il signore indiscusso di questo piccolo dominio fatto di lettere, spazi e segni d'interpunzione. Il signore, ma anche il suddito. Ancora una volta mi affido volentieri a un passo tratto da *Le parole,* in cui Sartre illustra questa inebriante sensazione di onnipotenza. Evocando i tempi lontani dei suoi primi esperimenti narrativi, scrive:

> Eroe, lottavo contro le tirannie; demiurgo, diventai io stesso tiranno, conobbi tutte le tentazioni del potere. Ero inoffensivo, e divenni cattivo. Cosa mi poteva impedire di cavar gli occhi a Daisy? Morto di paura, mi rispondevo: niente. E glieli cavavo come avrei strappato le ali a una mosca. Scrivevo, col cuore che mi batteva: "Daisy passò la mano sugli occhi: era diventata cieca" e rimanevo stupito, con la penna a mezz'aria: avevo prodotto nell'assoluto un piccolo avvenimento che mi comprometteva deliziosamente. Non ero veramente sadico: la mia gioia perversa si mutava subito in panico, annullavo tutti i miei decreti, li riempivo di cancellature per renderli indecifrabili: la fanciulla recuperava la vista, o meglio non l'aveva mai perduta. Ma il ricordo dei miei capricci mi tormentava a lungo.

Sartre non è il solo scrittore a mostrarsi intimorito dal potere di vita o di morte garantito dalla scrittura. C'è chi ne è così sgomento da arrivare a negarlo. Chi sostiene di non essere padrone di niente, di essere semmai preda di un istinto animale, di una forza superiore. Ma c'è anche chi ama rivendicare il proprio potere con prosopopea. È il caso del solito Nabokov, che interrogato sulla questione risponde: "I miei personaggi sono galeotti condannati ai remi".

Che la si pensi in un modo o in un altro, è indubbio che la scrittura resti uno spazio di incommensurabile libertà. Ti consente di allestire omerici campi di battaglia o spedizioni galattiche, di creare dal nulla personaggi affascinanti o malvagi, di riavvolgere il nastro della storia umana e di stravolgerla a tuo piacimento.

Le ragioni per cui ancora oggi, a sette anni dalla sua morte, Philip Roth continua a incarnare un ineguagliabile modello di virtù artistica, non solo per una vasta platea di lettori, ma soprattutto per la maggior parte dei suoi colleghi in attività, vanno ricercate nel contegno da lui tenuto in più di mezzo secolo di onorato servizio. Il bello è che i pochi errori da lui commessi (libri sbagliati, dirizzoni irragionevoli, saltuari cali di tensione) contribuiscono a rendere il suo itinerario ancor più esemplare. In un mondo in cui tutti, persino i migliori, non vedevano l'ora di raggiungere un posto di spicco nel canone contemporaneo, in un mondo in cui gli scrittori à la page lottavano per essere al passo coi tempi, Roth non si è mai snaturato, perseguendo il suo disegno, nutrendo la sua ambizione romanzesca con ostinazione febbrile, infischiandosene degli elogi dei fan non meno che delle contumelie dei detrattori. A dispetto della pessima reputazione che i suoi eroi pruriginosi e dissoluti gli hanno cucito addosso, Roth ha vissuto la sua professione con rigore stoico. Nel 1984, a Ian Hamilton, un critico del "Sunday Times", confessò che due anni era il tempo medio che si concedeva per portare a termine un libro. Un tour de force reso possibile da un tenore di vita monacale, privo di distrazioni, lavorando "otto ore al giorno, sette giorni alla settimana, trecentosessantacinque giorni all'anno". Parliamo di quella forma di egoismo virtuoso che, sul piano relazionale, comporta sacrifici inimmaginabili. "Devi startene da solo in una stanza con solo un albero fuori dalla finestra con cui parlare. Devi startene lì a rimestare stesure su stesure di ciarpame, aspettando come un bebè trascurato un goccio di latte materno (...) La mia autobiografia consisterebbe quasi esclusivamente di capitoli in cui me ne sto seduto da solo in una stanza a guardare la macchina da scrivere. La mia vita è così priva di eventi che, in confronto, *L'innominabile* di Beckett sembrerebbe Dickens."

Da qui la difficoltà dello scrittore, di qualsiasi scrittore, di spiegare a chi glielo domanda, ma soprattutto a se stesso, in cosa consista il suo lavoro. Non è facile persuadere genitori, amici, mogli o mariti che quello che fa richiede una disciplina asburgica. Ci sarà pure un motivo se molti scrittori, anche i più socievoli e gaudenti, hanno finito per celebrare i fasti della solitudine, o per lamentarsene. "Fare lo scrittore" ci ricorda Philip Larkin "significa sentirsi profondamente soli." Proprio così. La misantropia è un bastione che prima o poi chi vive della propria creatività è costretto a erigere tra sé e gli altri. Il prezzo richiesto a chi ha scelto di immergersi in un mondo di fantasie e di incubi è più salato di quanto si creda. Il segreto è prendere dal mondo ciò che ti serve, e sbarazzarti il prima possibile di tutto il resto. Le piccole esperienze quotidiane, gli amori, le amicizie, i dissapori, i lutti, l'attualità, la politica costituiscono un serbatoio da cui la tua ispirazione si abbevera senza posa. Tutto sta a proteggersi: se non chiudi in tempo la cataratta, rischi di affogare.

Ecco perché può dirsi scrittore solo chi subordina ogni cosa che gli capita alle sue esigenze narrative. Se c'è una lezione che Balzac ci ha impartito è che non c'è fatto di cronaca, appuntamento galante, serata con gli amici che non possa fornire un eccellente pretesto romanzesco. Rispetto, cautela, temperanza sono virtù encomiabili, a patto di non praticarle quando sei alle prese con un romanzo. L'imperativo categorico kantiano che impone all'uomo saggio e perbene di trattare gli altri come fine e non come strumento implica un amore disinteressato per il prossimo che uno scrittore non può permettersi. Se sul piano strettamente privato, anche lui, come chiunque altro, è tenuto a una condotta onesta e pudica, quando scrive deve mettere da parte gli scrupoli e agire con la spietatezza di un killer. Come disse una volta Eudora Welty parlando di un suo romanzo: "Penso che se mi fossi fermata a chiedermi cosa avrebbe pensato tizio o caio, o a come mi sarei sentita se questo libro lo avesse letto un estraneo, mi sarei paralizzata". Non c'è errore più maldestro che farsi intimidire dalle regole imposte dalla convenienza sociale e dalla morale comune.

Poiché scrivere è un'abitudine, guai a perdere il ritmo. Concedersi una pausa di riflessione più lunga di una settimana è un lusso da evitare. La scrittura è una fede. Non offrirle il tributo quotidiano che esige è la via migliore per inaridirla. Per persuadere il lettore che ciò che sta scrivendo non è frutto di una mera fantasia, lo scrittore deve essere il primo a crederci. "La verosimiglianza" sosteneva John Cheever "è una tecnica di cui ci si serve per rassicurare il lettore sulla veridicità di ciò che si sta raccontando. Se crede davvero di trovarsi in piedi su un tappeto, allora glielo puoi sfilare anche da sotto i piedi."

Più lavori, anche quando non ti va, soprattutto quando non ti va, più ti rendi conto che mettere in cascina una decorosa manciata di pagine al giorno è un dovere deontologico. Per farlo occorre un luogo adeguato, relativamente tranquillo: una stanza, uno studio, un rifugio di montagna; se non temi le molestie del cane del vicino o gli schiamazzi dell'allegra compagnia di ragazzi può andare bene persino il dehors di un bar, purché provvisto di posacenere e personale discreto.

Una volta un amico molto spiritoso mi disse che ormai i soli romanzi che riusciva a leggere con piacere erano i suoi. Al di là di queste buffe esibizioni di narcisismo, in cui peraltro il mio amico era il primo a non credere, di rado ciò che un autore scrive soddisfa i suoi standard. Mi chiedo se non sia questo a spingerlo a riprovarci, ancora e ancora.

Prima di prendere il largo vorrei mettere le cose in chiaro: non ho la più pallida idea di cosa passasse per la testa a Thomas Mann o a Truman Capote un attimo prima di cominciare a scrivere. Dubito che lo sapessero i diretti interessati. L'urgenza di creare è un enigma tra i più misteriosi: non potendo risolverlo, si può solo cercare di scomporlo in mille pezzi e lasciarlo decantare al tiepido sole del pomeriggio.

Né mi sono dimenticato di te, lettore caro, cui spetta il ruolo del convitato di pietra. Lascia che ti porga le mie scuse preventive. Per ragioni di opportunità, sarò costretto a trascurarti. Confido che nel frattempo tu abbia imparato a difenderti sia dagli scrittori che ti guardano con ostentato sussiego, sia da quelli che ti hanno eletto a idolo d'oro. Quanto a me, so bene che negare la tua influenza è stupido almeno quanto confidare eccessivamente nel tuo giudizio capriccioso e scostante.

I lettori sono importanti, persino per autori che, per altezzosità o timidezza, preferiscono tenersene alla larga. Aveva un bel dire Jules Laforgue che Baudelaire aveva insegnato alla nuova generazione di poeti a rompere definitivamente con il pubblico. Che ne sarebbe di Baudelaire oggi senza i tanti lettori che il suo libro maledetto ha saputo procacciarsi? E del resto, che ne sarebbe stato di quel libro maledetto se, scrivendolo, Baudelaire avesse inseguito i gusti del pubblico?

Per ristretta o sterminata che sia la sua platea di lettori, lo scrittore non può fingere che il pubblico non esista. Stando a ciò che lo stesso Gabriel García Márquez ha confessato, il planetario successo di *Cent'anni di solitudine* modificò radicalmente il suo modo di concepire la scrittura: "Penso che l'idea che sto scrivendo per molta più gente di quanta potessi mai immaginare ha creato una certa responsabilità generale, che è sia letteraria che politica".

Parliamoci chiaro: l'espressione "scrivo solo per me stesso" vale soprattutto per chi non ha altri per cui farlo, per chi ha dovuto mettere una pietra sopra ad ambizioni e sogni di gloria: il bancario coi cassetti pieni di dattiloscritti, il poeta di provincia, l'hipster imbolsito. Scrivere senza la prospettiva di essere letti, scrivere perché non se ne può fare a meno è una forma patologica che può essere assimilata a quella di certi alienati che parlano da soli. Creature patetiche e disfunzionali come il logorroico protagonista di *Le Bavard* di Louis-René des Forêts. Resta da capire se costoro – la nutrita frangia di autori in cerca d'editore e di pubblico – la pronuncino con convinzione, per orgoglio o al solo scopo di consolarsi. La domanda in serbo per tutti gli altri è altrettanto vertiginosa e suona pressappoco così: continueresti a scrivere se i lettori venissero meno, se per qualche ragione ti volgessero per sempre le spalle? Ha senso scrivere un libro destinato a non essere letto da nessuno?

"Esiste la lingua, esiste l'arte, perché esiste l'altro" scrive George Steiner. Come dire: sebbene in chi la pratica quotidianamente sia forte la tentazione di considerare la scrittura un esercizio intimo, solipsistico, se non addirittura masturbatorio, non c'è modo di eludere il teatro del mondo.

P.s. Nelle pagine che seguono enuncerò cinque buone ragioni per mettersi a scrivere: ambizione, odio, senso di responsabilità, piacere, conoscenza. Non escludo che ce ne siano parecchie altre. Anzi, ne sono certo. Del resto, non sono così ingenuo da credere che la tassonomia che mi accingo a squadernare vada presa alla lettera. È chiaro che nessuna delle motivazioni proposte debba necessariamente costituire per chi la persegua una prigione di massima sicurezza. Così come è evidente che i suddetti moventi il più delle volte si presentano mescolati. Si può scrivere spinti dall'ambizione, per senso di responsabilità, gravidi di odio per il mondo, e tuttavia con piacere e animati da una legittima sete di conoscenza.

AMBIZIONE

Insicurezze

Partirei da un paio di stralci di diario che in momenti diversi della mia vita ho sottolineato con devozione.

Questo: "Come ha detto una volta Sydney Waterlow, la parte peggiore dello scrivere è che si dipende tanto dagli elogi. Sono quasi certa che per questo racconto non ne riceverò nessuno e che un poco mi dispiacerà. Senza lodi mi è difficile cominciare a scrivere la mattina; ma l'avvilimento dura solo trenta minuti, e appena cominciato dimentico tutto. Bisognerebbe cercare seriamente di trascurare questi alti e bassi (...) Il fatto centrale rimane stabile, il fatto cioè del mio piacere di quest'arte".

E questo: "Anche riguardo all'Ambizione: l'Ambizione universale, trascinante; come imbrigliarla, e non essere un Fetonte con i suoi cavalli al galoppo. Come tenerla in uno stato di fermento che vada bene, con mete abbastanza lontane da essere stimolanti, abbastanza vicine da essere raggiungibili con la disciplina e il duro lavoro".

Sebbene non appartengano alla stessa mano, questi accorati passi di prosa hanno parecchie cose in comune. A cominciare dal fatto che chi li scrisse non aveva intenzione di pubblicarli: frammenti di soliloquio destinati alla posterità, il primo appartiene a Virginia Woolf, il secondo a Sylvia Plath.

Visto che ne parliamo, lasciatemi dire che poche cose mi

sorprendono come la sete di lodi e incoraggiamenti di cui Virginia Woolf aveva bisogno per mettersi a lavorare. E dire che di ragioni per essere fiera di sé ne aveva da vendere. Rampolla di una famiglia colta e cosmopolita, animatrice di un esclusivo cenacolo letterario, autrice di una manciata di capolavori romanzeschi e di saggi destinati a diventare per chiunque scriva recensioni un modello ineguagliabile, avrebbe potuto amministrare questo bendidio con serenità e lungimiranza. Macché! Basta infilare il naso nel suo diario intimo – dato alle stampe postumo dal marito, in una versione epurata – per assistere al penoso spettacolo di un'artista ossessionata dal consenso. Leggendolo non è raro sentirla ripetere che senza lodi le è difficile cominciare a scrivere la mattina. Una confessione che mostra come l'impegno letterario, per disinteressato che sia, debba fare i conti con le diuturne fragilità di cui ciascuno di noi è vittima. Allo stesso tempo, però, testimonia che quando c'è di mezzo la vera arte il desiderio di piacere agli altri, anziché compromettere l'ispirazione, finisce per fomentarla. D'altro canto, neanche questi pur legittimi accessi narcisistici possono spiegare l'abnegazione con cui Virginia Woolf si dedica al suo lavoro. Di fatto, non c'è nulla nella sua opera che ci parli della frenesia di essere accolti dal pubblico e apprezzati dai critici. Non c'è blandizia con cui lei cerchi di ingraziarsi i lettori, neanche quelli esigenti della sua cerchia. Ogni suo romanzo, anche il più farraginoso e imperfetto, prova che, per ammaliante che sia il suo incantesimo, la vanità non potrà mai niente contro la forza di una vocazione genuina. Nei suoi passi di prosa più felici si avverte che a muovere la mano di Virginia è il piacere di scrivere, la frenesia di capire, l'ansia di scolpire e stilizzare.

Ecco perché temo di aver posto la questione in un modo fuorviante. È sbagliato affermare, come forse ho fatto, che Woolf scriva per essere elogiata. No, non è questo il punto. La sua musa è decisamente più disinteressata di quanto lei stessa non fosse portata a credere. Le lodi di cui Woolf va in cerca le servono soprattutto per trovare il coraggio di scrivere. Chiunque nella vita abbia avuto la ventura di pubblicare libri destinati a un pubblico ragionevolmente vasto o decorosamente selezionato sa che la prospettiva di essere letti rende le ore di lavoro meno vacue e solitarie. Non credo di sbagliarmi nel dire che gli elogi di cui Woolf è avida fungano soprattutto da benzina per lavorare e da ricompensa per il lavoro svolto, non certo da ispirazione.

Vien da chiedersi, a questo punto, come gestirebbe le sue nevrosi Virginia Woolf in un'epoca come la nostra, in cui la ricezione di un romanzo si è fatta via via più frammentaria e democratica.

A dispetto di ciò che avveniva un secolo fa, infatti, gli scrittori possono avere un accesso pressoché immediato ai gusti del pubblico. I giudizi dei lettori, per entusiasti o detrattivi che siano, appaiono in presa diretta sui social e sui siti specializzati. Certi lettori sono talmente ansiosi di esprimersi che per emettere il responso non attendono nemmeno di aver terminato la lettura e di averla digerita a dovere. Forse perché nulla è più prelibato dell'abbandono emotivo e del parere a caldo.

In rari casi tali giudizi sono sobri e ben argomentati, ma il più delle volte appaiono ridicolmente enfatici e strampalati ("Il protagonista è troppo alto per i miei gusti", "Io preferisco il linguaggio piano, questo è troppo elaborato", "Adoro ogni riga scritta da questa donna"). Che si tratti, perlopiù, di pareri inaffidabili lo si capisce dalla ricorrenza di un epiteto che per sua natura dovrebbe essere usato con la cautela con cui si maneggia la nitroglicerina: capolavoro. Un capolavoro è per natura e destino oltremodo raro. Di capolavori ne appaiono una manciata in ogni decennio. Affibbiare questo epiteto a un libro che ti è piaciuto è un atto disonesto e sconsiderato.

Di recente l'insigne classicista americano Daniel Mendelsohn, ragionando sul morbo che ha investito la critica contemporanea, si è soffermato proprio su questa esplosione di "critiche scritte da lettori comuni, che vanno dalla semplice espressione su siti come Amazon di un voto sui libri (sotto forma di stelle o altro) a saggi lunghi e approfonditi su seri blog di letteratura". A rendere la situazione confusa, nota Mendelsohn, ci si è messo anche l'avvento dei social. Le sue preoccupazioni riguardano soprattutto l'influsso che questi due fenomeni producono su quella che lui chiama la "critica seria". Un cruccio del tutto condivisibile, ma che lambisce solo incidentalmente il nostro discorso. A noi, almeno in questa sede, interessa altro. Ossia l'influsso che questa caterva di giudizi incauti e dilettanteschi può esercitare sull'autore che ha la malaccortezza di consultarli. Di primo acchito, direi che si tratta di un influsso negativo. Decisamente più insano di quello prodotto dalla recensione di un critico accreditato, per buona o cattiva che sia. A rendere l'esperienza così brutale è la consapevolezza che a esprimersi in modo schietto e accorato siano lettori abbastanza fiduciosi e benintenzionati, tanto da aver sborsato una discreta somma per il solo piacere di leggerti. Che la promozione o la bocciatura giunga proprio da costoro, un pubblico indistinto e disinteressato, rende l'esame ancor più difficile da sostenere.

Non è detto che tu debba sottostare per forza a questo stillicidio. Puoi tranquillamente infischiartene e far finta di niente. Se invece la cosa, per qualche comprensibile ragione, ti stuzzica non devi far altro che scrivere il tuo nome su qualsiasi motore di ricerca. In pochi secondi verrai sommerso da un profluvio di pareri che più discordanti non potrebbero essere.

Che uso fare di questo bendidio? Come considerarlo? Manna dal cielo o sterco del diavolo? Non ho risposte, naturalmente, e qualcosa mi dice che anche Virginia Woolf non avrebbe saputo che pesci prendere. Il rischio che si corre è di lasciarsi andare a quella sindrome – in voga soprattutto tra categorie professionali decisamente più esposte, attori, sportivi, star della tv – che gli psicologi definiscono "ego surfing". Un disturbo della personalità che induce chi ne soffre a monitorare compulsivamente lo stato della propria reputazione sul web. Ci sono scrittori che tengono a bada tali pulsioni con prudente assennatezza. Altri che vi si abbandonano al punto da farne una droga.

E vi prego di credermi, non si tratta di una metafora. Se è droga tutto quel che dà dipendenza, allora al suddetto fenomeno non può essere attribuito altro nome. Del resto, come sapeva molto bene Virginia Woolf, niente induce più alla dipendenza delle lodi. Proprio come i soldi, l'alcol, il sesso, quelle piccole carezze non ti bastano mai. Ciò porta scrittori particolarmente fragili a cercare la dose quotidiana di consenso proprio là dove sarebbe meglio non cercarla.

Di solito sono gli stessi autori che inondano i loro profili social di post impudichi, molto spesso imbarazzanti, solo in apparenza dettati dalla necessità di prendere una posizione sull'attualità politica o di dare conto di pensieri fugaci o qualche privata disavventura, ma in realtà concepiti per procacciarsi un po' di affetto a buon mercato. Li vedete mentre contano i like con voluttà? Sentite i loro gemiti di piacere mentre compulsano la sfilza di commenti beoti ed entusiasti? "Sei un gigante", "Quanta bellezza!", "Se non ci fossi tu bisognerebbe inventarti", "Non solo sei un grande scrittore ma sei anche una bella persona", "Come dici le cose tu non le dice nessuno".

Dopo un po' la relazione che si instaura tra questo tipo di scrittori e la platea di ammiratori diventa assidua quasi come un'amicizia. In un certo senso, è come se si mettesse in piedi una sorta di cenacolo allargato perlopiù composto da persone che non si conoscono ma che hanno interesse a stare insieme e a scambiarsi gentilezze. Lo scrittore è lusingato dai complimenti che gli vengono rivolti dai fan, i quali a loro volta si beano dell'amicizia di un uomo o di una donna così influenti e straordinari.

Senza voler giudicare questo fenomeno attraverso un diaframma moralista o puritano, mi domando tuttavia se questo continuo interscambio non rischi di agire subdolamente sulla vena creativa, in un certo senso adulterandola. Se è vero come pensava Proust che l'arte prolifera nelle tenebre e nel silenzio, allora niente nuoce più all'ispirazione che questa forma di interscambio ossessivo. Ma bisogna anche tenere conto che gli scrittori non sono tutti uguali. Ciò che è utile all'uno può risultare dannoso per l'altro. Dubito che Charles Dickens avrebbe tollerato la retraite che qualche decennio dopo Proust si sarebbe inflitto. Per Dickens il pubblico era essenziale, ne aveva bisogno per vivere e respirare, e quindi anche per scrivere. Pur di averlo intorno, riempiva interi teatri, sia in Inghilterra che negli Stati Uniti, compiacendosi, mentre leggeva lunghi passi dei suoi romanzi con voce stentorea e pause attoriali, delle reazioni emotive del pubblico, delle risate così come dei pianti.

Resta il fatto che, in un caso come nell'altro, la questione riguarda l'ambizione: c'è chi ama stuzzicarla e chi cerca di tenerla a freno. Gli scrittori sono creature ciclotimiche, permalose, disgraziatamente inclini al narcisismo (su questo punto tornerò a più riprese). Peccato che, come lascia intendere Virginia Woolf nei suoi sfoghi privati, nessun peana è in grado di riscattare una stroncatura. È difficile capirne il motivo. È il genere di questioni che avrebbe potuto affrontare un antropologo intelligente come René Girard. Forse per uno scrittore gli insulti pesano più dei complimenti perché nel suo cuore resistono ancora gli atteggiamenti tipici di certi bimbi viziati e mal amati. Ecco perché non c'è talento artistico, finanche il più brillante, che non sia compromesso con la suscettibilità. Anche quello più smargiasso nel chiuso di se stesso si sente inadeguato. Il tutto è reso più penoso dal fatto che il rapporto che uno scrittore intrattiene con il proprio libro è talmente simbiotico da degenerare nella malattia.

Anche stavolta, di fronte a questo demone, non ho esorcismi convincenti da offrire. Quel che so è che intraprendere una carriera simile in un'epoca come la nostra può causare scompensi emotivi ingestibili e perniciosi. Niente come un'infantile esigenza di approvazione può spingerti a compiacere chi non dovrebbe essere compiaciuto. Del resto, il narcisismo è un consigliere fraudolento, soprattutto per gli artisti. Sacrificare sull'altare dell'approvazione quel demone di follia e imprevedibilità che dovrebbe animarti significa venire a patti con il nemico. Forse è meglio lasciare la ricerca di consenso ai politici, agli influencer, insomma a chi ne ha fatta una ragione di vita.

Ah, se ne ho conosciuti di scrittori talentuosi che, stritolati dalla fame di riconoscimenti, hanno finito per perdersi! Ci vuole parecchio carattere per resistere alla seduzione della celebrità letteraria. Poche figure sono più patetiche dell'autore arrivista. Il povero di spirito sempre a caccia del riconoscimento che dia lustro alla sua vocazione, il finto intransigente che non vede l'ora di lisciare il pelo al pubblico, il presenzialista che pur di esserci cede alle lusinghe dell'editore pubblicando un libro all'anno. D'altro canto, sarebbe sciocco non valutare il modo subdolo con cui l'intera macchina – la cosiddetta industria culturale – contribuisce a solleticare la vanità degli autori.

Ricchi premi e cotillon

Corre voce che una delle ragioni per cui fino a qualche tempo fa parecchie star di Hollywood fossero disposte a ridursi i cachet faraonici pur di girare un film con Woody Allen, oltre che dal privilegio di essere dirette da uno dei massimi registi in circolazione, derivasse dalla speranza di mettere le mani su un Oscar. Una diceria che probabilmente trae spunto dai tanti riconoscimenti vinti o sfiorati dai lungometraggi di Woody Allen.

La cosa è tanto più bizzarra se si considera l'allergia ai premi che Woody Allen non ha mai nascosto. Benché ne abbia vinti un paio – ottenendo, en passant, un numero cospicuo di nomination –, Allen non ha mai partecipato a una cerimonia degli Oscar (in realtà a una sì, ma per ragioni extra-cinematografiche). Per non parlare dei festival europei, dove i suoi film sono sempre stati proiettati fuori concorso.

Da che dipende una simile diffidenza? Snobismo, understatement o dalle due cose assieme?

Interrogato sulla faccenda, Allen ha sempre fornito risposte chiare e per molti versi sacrosante: che senso ha sottoporre un manufatto artistico a una gara? A chi giova ridurre l'arte a una competizione sportiva o a un concorso di bellezza? Davvero una giuria è in grado di determinare la qualità di un'opera a dispetto di un'altra? Una serie di interrogativi condensati nella celebre battuta che Allen ha messo in bocca al suo alter ego Alvy Singer: "Non fanno altro che dare dei premi... Non riesco a crederci! Premio al più grande dittatore nazista: Adolf Hitler".

A occhio e croce non sono molti i cineasti disposti a adottare il contegno di Woody Allen. D'altra parte, cosa ne sarebbe dell'industria culturale senza i premi? Non solo quella cinematografica, ma anche quella editoriale.

Pensateci. Non c'è paese che non ne vanti un paio in grado di cambiare radicalmente il destino di un libro e di imprimere una svolta alla carriera di chi lo ha scritto. Ciò spiega perché chi li assegna, e soprattutto chi aspira a vincerli, tenda a considerarli una sorta di consacrazione.

Se ne parlo in questa sede è solo perché ritengo l'ossessione per i premi (ma si potrebbe fare un discorso analogo per le classifiche di vendite) il sintomo del morbo che affligge chi scrive. Niente di strano, dopotutto la competizione tra artisti è vecchia come Fidia. Per grandi che siano, sono pochi gli scrittori capaci di resistere alle blandizie del pubblico riconoscimento. Una sindrome che li spinge a cercare fuori ciò che in sé stentano a trovare: uno scopo, un senso, un valido motivo per continuare.

Quel che mi preme mettere in luce è il dato simbolico della faccenda. Niente come la scrittura stimola in chi la pratica ingovernabili istinti agonistici. Se gli sportivi sono terrorizzati dalla sconfitta, a ossessionare gli scrittori è lo spettro del fallimento. Ecco perché non è così strano che un autore aspiri a ricevere un premio. Vuole che una giuria certifichi la sua bravura. Sulla scorta di Virginia Woolf, non chiede altro che la sua razione quotidiana di lodi e incoraggiamenti.

Quello di Woolf, s'intende, non è il solo *journal intime* che dia conto di questo genere di angosce. Il diario di John Cheever, per esempio, non è da meno.

Parliamo di uno dei massimi narratori americani del secondo dopoguerra. Nel cuore dei lettori, i suoi racconti occupano ormai un posto di rilievo accanto a quelli di Hemingway, Salinger, Carver, Munro e di pochi altri. Che importa se come romanziere, sebbene eccellente, non sia riuscito a raggiungere vette analoghe? Cheever è uno scrittore meraviglioso, dalla sensibilità esacerbata, l'ironia discreta, il tono felpato, ineludibile per chi ami la cosiddetta narrativa dei sobborghi. Ciononondimeno, stando al suo diario, neanche tale primato guadagnato sul campo a costo di formidabili battaglie interiori basta a rassicurarlo. Che la sua irrequietezza dipenda in gran parte da ubbie di carattere più intimo – la rispettabilità borghese, l'alcolismo e una malvissuta bisessualità – non cancella l'altro rovello che lo affligge: il posto da lui occupato nel canone e la sua incapacità di essere all'altezza delle proprie ambizioni e dei colleghi che ammira. "Non è tanto che mi scoccerebbe passare alla storia come uno scrittore trascurabile; è che mi scoccerebbe moltissimo passare come uno scrittore che ha sprecato i suoi talenti nell'ubriachezza, nell'accidia, la rabbia e l'astenia." La competizione ingaggiata con gli autori a lui coevi, da cui non può fare a meno di sentirsi soverchiato, è per Cheever un motivo di inquietudine costante. Quando esce *Il nudo e il morto* di Norman Mailer, Cheever scrive: "Ho disperato, mentre leggevo, dei miei talenti limitati. Con le mie rose autunnali e i miei crepuscoli invernali, non sembro appartenere alla serie A". A guastargli il sonno è soprattutto Saul Bellow, la cui esuberanza artistica, per non dire dell'eloquenza ammaliante, gli sembra inarrivabile: "Ogni volta che leggo una recensione di Saul Bellow mi vengono i conati. Oh, questa nazione, grande, selvaggia, sguaiata, piena di puttane e di pugili, e io qui, bloccato con il mio vecchio fiume al crepuscolo e il deterioramento dell'uomo d'affari di mezza età". Ogni tanto però, nel raffrontarsi agli altri, trova anche di che consolarsi e di che compiacersi perfidamente: "Le mie prime impressioni sul libro di Kerouac sono state: che non è un buon libro; che la maggior parte delle enfasi o degli effetti è presa da alcuni dei veri esploratori, come Saul; è che l'immaginario apocalittico non è abbastanza forte: non è mai illuminato da un vero talento, né da un sentimento o da una visione profonda". Talvolta esce rinfrancato anche dall'incontro con la vera grandezza: "Ho letto Nabokov, che ha uno stile fiorito e che di quando in quando sbaglia e mi fa rilassare". Naturalmente Cheever è solo un esempio dei tanti che potrei fornirvi. Sono parecchi gli scrittori (soprattutto nord-americani) afflitti da antagonismo patologico. Che dire di Hemingway, le cui smanie competitive lo spingono a rivaleggiare con gli inarrivabili del passato come Melville, Tolstoj e Dostoevskij?

Tornando a Cheever, occorre notare come anche il suo agonismo vada considerato una specie di scorza, e niente più. A renderlo lo scrittore che conosciamo è ben altra smania: "Il mio senso della moralità è che la vita è un processo creativo e che qualsiasi cosa vada a logorare o impedire questa spinta in avanti sia malvagia e oscena". Dopotutto, dobbiamo a lui una delle definizioni dell'arte di scrivere più persuasive in cui mi sia mai imbattuto: "La narrativa deve illuminare, esplodere, ristorare. Non credo ci sia alcuna filosofia morale nella narrativa oltre all'eccellenza". A qualcuno potrà dispiacere che un uomo capace di elaborare un pensiero così risolto e sereno nei confronti della propria ispirazione si perda ogni tanto nelle sue fisime iper-competitive. Ma come dire, esse sono l'altra faccia della medaglia. Non c'è autore che prima o poi non sia tentato di cedere al ricatto faustiano.

Arrivisti in marsina

> Balzac aveva tre sogni, una grande edizione ben curata delle sue opere, il saldo dei suoi debiti, e un matrimonio coccolato e accarezzato da lungo tempo nel fondo dell'animo; grazie a fatiche la cui mole atterrisce l'immaginazione dei più ambiziosi e laboriosi, l'edizione si fa, i debiti si pagano, il matrimonio va in porto. Balzac senza dubbio è felice. Ma la sorte maliziosa che gli aveva permesso di mettere un piede nella sua terra promessa, subito ve lo strappò violentemente. Balzac ebbe un'agonia terribile e degna delle sue forze.

Parole di Baudelaire, uno dei più fervidi ammiratori che Balzac abbia avuto tra i suoi contemporanei. Poco importa che nel destino di Balzac Baudelaire veda riflesso il proprio. A colpirmi qui è la capacità di condensare in poche righe gli ideali balzacchiani. Mettere sullo stesso piano gloria letteraria, tranquillità economica e un eccellente partito è il genere di meschinità che gli scrittori romantici preferiscono non esibire. Ma Balzac, almeno in questo, rappresenta un'eccezione. Definirlo romantico è scorretto quasi quanto relegare la sua opera negli angusti confini del realismo. Del resto, basta dare un'occhiata al suo epistolario per rendersi conto che non c'è personaggio più balzacchiano di Balzac. "Anche se le mie opere andassero male" scrive alla sorella, "nessuno potrà mettere in dubbio che ho sposato bene."

Una confessione che anni dopo avrebbe indotto un altro suo grande ammiratore, Marcel Proust, a tacciarlo di volgarità. Una rozzezza che, come sa il lettore de *La commedia umana*, Balzac condivide con la maggior parte dei suoi personaggi.

Nella pletora di arrivisti, profittatori e cortigiane che costituisce l'impalcatura della sua opera un posto di assoluta preminenza è occupato da Lucien de Rubempré, il protagonista di *Illusioni perdute* e *Splendori e miserie delle cortigiane*. Gran parte dell'importanza che Balzac conferiva a questo dittico proviene proprio da lui, Lucien, lo scalognato eroe tanto amato da Oscar Wilde cui Balzac aveva donato molte delle sue debolezze: lo snobismo provinciale, le velleità artistiche, l'attrazione per mondanità e lusso. Vien da chiedersi se i reiterati fallimenti che porteranno Lucien al suicidio non siano un esorcismo attraverso il quale Balzac cerca di tenere a bada i propri demoni. Ancor più di Rastignac, che almeno all'inizio della sua carriera mondana sembra vacillare, Lucien ha le idee chiare sin dal principio: per farsi strada nella vita deve liberarsi del nome del padre e prendere quello aristocratico della madre, e contestualmente darsi arie da poeta e da gigolò. La fuga dalla provincia e l'avventura parigina fungono da spartiacque definitivo. Lucien impiega poco a capire che il fine di un artista è procacciarsi un pubblico abbastanza entusiasta e fedele da garantirgli un tenore di vita adeguato ai propri desideri.

La scena in cui affronta la prima passeggiata lungo gli affollati boulevard parigini mostra quanto cocente sia il complesso di inferiorità che affligge il letterato di provincia esposto alla magnificenza della metropoli. Ad attrarre il ragazzo non sono le persone, bensì le cose, le carrozze, le sontuose merci esposte dietro le vetrine: la sproporzione tra lusso e miseria acuisce il senso della sua irrilevanza. "Per un giovane poeta che in provincia trovava un'eco a tutti i suoi sentimenti, un confidente a tutte le sue idee, un'anima per condividere le sue piccole sensazioni, Parigi sarebbe stata un orrendo deserto." Emozioni analoghe, e forse persino più strazianti, colgono Lucien a teatro. Le toilette delle signore, le sfolgoranti marsine dei dandy accendono i suoi desideri di gloria come neanche la lettura di un sonetto di Shakespeare. È allora che capisce che per essere un poeta degno di questo nome dovrà conquistare Parigi. Per conquistare Parigi dovrà soddisfare i gusti del pubblico. Per soddisfare i gusti del pubblico dovrà mettere da parte l'idealismo giovanile intraprendendo una bieca carriera giornalistica. Poco importa che i frutti di tanta abnegazione siano più amari del previsto. A interessare noi lettori è l'onestà di Balzac. Un'onestà disarmante. È come se la sua narrativa aprisse una faglia, un'incrinatura nella coscienza di chi scrive. Il modello comportamentale adottato da questo scrittore in carriera trae spunto dal filisteismo borghese. Balzac sbozza, modellandolo su se stesso, l'identikit dell'arrivista delle lettere. Un eroe ambiguo, risentito, il più delle volte destinato a fallire. Un essere così rotto a tutto da non riuscire a sottrarsi alle lusinghe offerte dalla società capitalista. Se gli scrittori prima di Balzac vivono ancora nella condizione parassitaria tipica dei giullari di corte, quelli che vengono dopo sono segnati dal tarlo del riscatto.

La corsa all'oro

Era fatale che i più adatti a raccogliere l'eredità morale di Balzac fossero gli scrittori americani. Soffermarsi sui motivi significa perdersi in una selva di cliché perniciosi: il paese delle opportunità, il dio denaro, il protestantesimo... Insomma, meglio soprassedere. Resta il fatto che nel nostro immaginario niente è più americano della corsa all'oro. Le grandi dinastie dell'East Coast: Frick, Carnegie, Rockefeller; gli squali di Wall Street; i petrolieri texani; i produttori di Hollywood... Normale che tanta prosperità esibita e rivendicata abbia finito con l'influenzare l'immaginazione di un cospicuo numero di scrittori, forgiandone aspirazioni e attitudini.

Di esempi potrei farne parecchi, naturalmente. Ma il caso-Fitzgerald rimane il più emblematico. Per gli amici "Scottie", è lui il più balzacchiano tra gli scrittori americani. La brama di successo e l'ossessione per la bella vita gli erano talmente connaturate da condizionare la sua musa. Soprattutto nei primi romanzi ha saputo rendere merito alla sbornia edonista che contagiò gli americani nel primo dopoguerra, la dissennata euforia che alla fine del decennio avrebbe condotto la nazione alle soglie del disastro.

La sorte regalò a Fitzgerald un itinerario di vita inverso a quello di Balzac. Il successo gli arrise immediatamente, sin dagli esordi. A darne conto fu lui stesso qualche anno dopo in un saggio impudico, amaro e soffuso di nostalgie:

> La vita cedeva facilmente all'intelligenza e allo sforzo, o a quella propensione che tu potevi raccogliere da entrambi. Sembrava una faccenda romantica essere un letterato a cui il successo aveva arriso: non saresti mai stato così famoso come un divo del cinema, ma la fama che potevi avere sarebbe stata probabilmente più duratura: non avresti mai avuto il potere di un uomo dalle profonde convinzioni politiche o religiose, ma eri certo più indipendente. Naturalmente, nella prassi del tuo lavoro eri perennemente insoddisfatto, ma io, almeno, non avrei scelto nessun'altra attività.

Ben lungi dal rimpiangere il piacere di scrivere ormai compromesso, questo quarantenne al capolinea emotivo si sofferma sui vantaggi sociali garantiti dal successo precoce. Chissà, forse in un'epoca come la nostra, avida di confessioni autobiografiche, tanta impudicizia troverebbe lettori ben disposti. Allora le cose funzionavano altrimenti. Quando la rivista "Esquire" pubblicò questo pezzo eloquentemente intitolato *The Crack-up* (crollare, incrinarsi), la reazione dei lettori (soprattutto degli amici e dei colleghi) fu meno accogliente e partecipe del previsto. La sincerità con cui l'ex scrittore di successo metteva in piazza i propri guai, paragonando se stesso a un piatto crepato, non fu presa bene. Probabilmente, non godendo della nostra prospettiva panoramica, i suoi contemporanei non capirono che quel saggio – cui ne seguirono altri due non meno desolati e imbarazzanti – era il solo salvacondotto a disposizione dell'autore de *Il grande Gatsby*. Se da un punto di vista artistico punti tutte le tue carte sulla rivalsa mondana ed economica, basta un rovescio della sorte per mettere in crisi anche la tua dignità di scrittore. In questo senso almeno, non c'è alcuna differenza tra i desideri di Francis Scott Fitzgerald e quelli di Jay Gatsby. Entrambi impostori, sono sentimentali che amano darsi arie da cinici e che vengono travolti dalla stessa megalomania. Fitzgerald sembra provare una perversa voluttà nell'indugiare sulla devastazione morale prodotta dal tracollo psichico. Che messe di dettagli penosi! Un'ammissione di debolezza talmente sconfortante da compromettere ogni possibilità di riscatto.

Nei due saggi successivi – *Attenzione, fragile* e *Incollarlo insieme* – ci andò giù ancora più duro, infierendo sulla propria carcassa senza pietà. Una cosa è certa: niente come questi tre splendidi saggi avrebbe dovuto rasserenarlo sullo stato di salute della sua ispirazione. Peccato che lo sfacelo in cui si crogiolava gli impedisse di rendersene conto. La depressione aveva preso talmente il sopravvento da gettare un'ombra su ogni cosa, persino sui felici anni dell'università e sugli splendidi esordi letterari.

È lì che Fitzgerald colloca l'incrinatura. Tutto ha inizio a Princeton, l'immersione in un mondo privilegiato composto da fatui milionari e capricciose ereditiere. Stando a ciò che scrive, la malia ci mise niente a trasformarsi in risentimento. Quanto a lui, impiegò ancora meno a capire che, per quanto successo potesse avere, non avrebbe mai potuto competere con quei sardanapali.

> Per sedici anni ho vissuto (...) diffidando dei ricchi, ma lavorando per avere quel denaro con cui partecipare alla loro mobilità e alla grazia che alcuni di loro sapevano portare nelle loro vite. Durante questo tempo io ebbi molti dei soliti cavalli uccisi sotto di me; rammento alcuni dei loro nomi: *Orgoglio Ferito, Speranza Delusa, Infedele, Esibizionismo Duramente Colpito, Mai più.*

Un campionario di mortificazioni che solo Balzac avrebbe potuto intendere. Del resto, proprio come il suo predecessore francese, senza alcun ritegno Fitzgerald pare identificare la corsa all'oro con la vocazione letteraria. Come se l'una formasse con l'altra un legame inestricabile. Fallita la prima, ecco venir meno anche la seconda. L'importante è farcela, se fallisci non avrai alcun premio di consolazione.

Nell'ultimo saggio intitolato *Incollarlo insieme*, l'identificazione tra scrittore e cinico uomo d'affari raggiunge un apice senza ritorno:

> Mi sentivo come quegli uomini dagli occhi piccoli e tondi che ero solito incontrare sul treno di Great Neck quindici anni fa, uomini a cui non sarebbe importato un fico secco se il mondo fosse precipitato nel caos, purché risparmiasse le loro case. Ero uno di loro ora, uno che vendeva quei begli oggetti levigati e diceva: "Spiacente, ma gli affari sono affari".

La commedia del successo

Oggi, con il famigerato senno di poi, possiamo ben dirlo! Alla lunga le ambizioni di Fitzgerald – comunque le si voglia considerare, virtuose o meschine – hanno prodotto un esercito di proseliti. Basta mettere il naso in un romanzo di Yates, in un racconto di Fante, in un saggio di Capote, in una pièce di Tennessee Williams per capire che questa faccenda del successo occupa un posto di prestigio nel cuore degli scrittori americani, da qualsiasi ceto essi provengano. Che di mezzo ci sia il famoso diritto alla felicità sancito dalla Costituzione, o la morale calvinista, non sta a me stabilirlo. Ma è chiaro che le cose stanno così. Farcela o non farcela. Al dunque, tutto si riduce a questo.

Per una strana beffa della sorte il narratore che più di qualsiasi altro ha saputo farsi carico di questa dialettica infinita non era americano. Nato in Québec da una famiglia ebraico-lituana, emigrato negli Stati Uniti ad appena tre anni, Saul Bellow aveva le carte in regola per sfondare in America: sexy come un attore, elegante come un dandy, audace, facondo, coltissimo, irresistibilmente spiritoso.

Se non ho menzionato l'ebraismo è solo perché quando il giovane Bellow esordisce con il romanzo breve *L'uomo in bilico* la società letteraria americana è in buona parte composta da un'aristocrazia wasp più o meno scopertamente antisemita. Uno status quo che se da un lato non facilita l'accesso degli ebrei alle prestigiose università dell'Ivy League e alle redazioni dei grandi giornali nazionali, dall'altro rende oltremodo romanzesca la smania di emergere di questi ebrei di seconda generazione. Per certi versi Bellow è il loro Mosè. Chi voglia raggiungere la Terra Promessa è lui che deve seguire, affrontando una lunga e perigliosa marcia nel deserto.

Da questo punto di vista è a dir poco proverbiale il ritratto che il suo allievo Philip Roth gli ha dedicato ne *Lo scrittore fantasma*. Dietro alla figura di Felix Abravanel, lo scrittore di successo in visita all'Università di Chicago dei tardi anni Cinquanta, c'è proprio lui, il divino Saul.

> Il suo fascino era come un fossato così oceanico che non riuscivi nemmeno a scorgere le torri e i contrafforti della grande cosa per la cui difesa era stato scavato. Non riuscivi nemmeno a trovare il ponte levatoio (...) Fosse stato un po' più furbo, amabile e sornione, forse avremmo assaltato la tribuna e ce lo saremmo mangiato vivo. Povero meravi-

glioso Abravanel (lo dico senza ironia): anche ciò che doveva difendere il grande rosone del suo intimo splendore era in sé così maledettamente bello che le masse ignoranti e gli appassionati d'arte di tutto il mondo non potevano che trovarlo ancor più seducente. D'altra parte, forse era lui che lo voleva. Evidentemente non esiste un modo semplice di essere grandi, o così cominciavamo a scoprire.

Gli occhi con cui l'acerbo Nathan Zuckerman lo guarda sono quelli dell'allievo che non vede l'ora di seguirne le orme. Se Abravanel somiglia a Bellow come una goccia d'acqua, somiglia ancor di più ai suoi tenaci ed esuberanti eroi romanzeschi. Da Augie March, passando per Herzog, fino a Charlie Citrine, non ce n'è uno che non sia disposto a tutto pur di accaparrarsi il posto al sole precluso ai suoi avi. Se Fitzgerald, sin dagli anni di Princeton, ha dovuto competere con i damerini dell'East Coast, a Bellow è toccato scontrarsi con una pletora assai più sguaiata di speculatori edilizi, faccendieri e gangster. Un acquario variopinto e spietato. Normale che per sguazzarci dentro Bellow si affidi a un talento affabulatorio che non ha eguali nella letteratura americana del secondo dopoguerra. Non sorprende che tra i temi ricorrenti della sua narrativa compaiano la competizione e l'avidità. Così com'è fatale che, facendosi carico della grande tradizione ottocentesca del romanzo realista – Austen e Balzac, Maupassant e Eliot, Dickens e Dostoevskij –, Bellow consideri il denaro il carburante necessario per mettere in moto le sue complesse macchine narrative. Leggendo la bella biografia di Atlas si ha chiara l'impressione del posto occupato dal carrierismo nella coscienza di Bellow e dei suoi sodali.

D'altro canto, la corsa all'oro si rivelerà più impervia del previsto. Al contrario di Fitzgerald, per raggiungere la fama e la prosperità cui aspirava, Bellow ha dovuto attendere la maturità. Aveva quarantanove anni quando *Herzog*, il suo sesto romanzo, scalò le classifiche dei bestseller. Un exploit che oggi, valutando la rapsodica complessità di quel capolavoro, sembra a dir poco incredibile. Fatto sta che da una settimana all'altra Bellow si trovò a vivere in una nuova dimensione. Da quel momento in poi la sua narrativa, non potendo più eluderlo, affrontò di petto il problema.

E allora ecco *Il dono di Humboldt*, il suo ottavo romanzo. Un'opera magnifica che mette in scena senza troppe perifrasi il duello rusticano tra un drammaturgo di successo e un poeta fallito. Che il secondo sia un allievo del primo contribuisce a rendere la vicenda ancora più penosa e paradigmatica. La confessione di Charlie Citrine – il narratore, vivida controfigura di Bellow stesso – prende forma dopo la morte dall'amico-mentore Von Humboldt Fleisher. Il senso di colpa che affligge Citrine è speculare al rancore furioso che da un certo momento in poi Humboldt gli ha versato addosso senza alcuna continenza. Per molti versi il romanzo può essere inteso come un'intensa meditazione sulla fortuna umana. La scalogna che affligge Humboldt non è così diversa da quella su cui si sdilinquiva Baudelaire. Citrine ne è talmente consapevole che non fa che tornarci sopra:

> Humboldt, questo grand'uomo bello e mutevole, dalla larga faccia bionda, quest'uomo affascinante e facondo e turbato nell'intimo, cui volevo tanto bene, viveva in maniera appassionata la commedia del Successo. Naturalmente è morto in pieno Fallimento.

Se il Successo è una commedia settecentesca, il Fallimento è una tragedia elisabettiana. "Il povero Humboldt non riuscì mai a imporre i suoi cicli per molto. Non divenne mai il centro radioso della propria epoca. La Depressione lo strinse nella sua morsa per sempre."

Del resto, Humboldt ha un debole per certi discorsi. Niente

lo eccita come ragionare su questa frenetica aspirazione alla fama e alla ricchezza:

> "Se Scott Fitzgerald fosse stato protestante" disse Humboldt, "il Successo non l'avrebbe danneggiato tanto. Guarda Rockefeller senior: lui sì che sapeva tenere testa al successo, asserendo che il denaro veniva da Dio, ecco tutto."

La disgraziata parabola di Humboldt consente a Citrine-Bellow di ragionare sul trattamento spregevole che l'America riserva ai suoi poeti. Da Poe in avanti sono pochi quelli scampati al trattamento inflitto loro dalle Erinni dell'alcolismo e della miseria. Non altrettanto si può dire dei romanzieri. In questo caso la sorte è stata decisamente più benevola. La natura prosaica della società capitalistica ha permesso ai narratori prima di affermarsi, poi di vivere in uno stato permanente di prosperità e autocompiacimento. Una cuccagna, volendo credere a Citrine-Bellow, non così facile da gestire. Un privilegio sempre sul punto di venire meno.

A suo modo – per dissimulata che sia da abiti sartoriali, forma fisica e sorriso sornione – la crisi morale che colpisce Charlie Citrine è un omaggio a *The Crack-up*. Non saprei dire se i tre saggi autobiografici di Fitzgerald abbiano inaugurato un genere letterario. Di certo, come dicevamo, hanno prodotto un cospicuo numero di emulatori ed epigoni. Da poeta indefesso del consumismo Fitzgerald ha creato un bisogno indotto: quello che spinge gli scrittori di mezza età a interrogarsi sulle proprie motivazioni.

Un rovello che acquista linfa nuova in un romanzo le cui atmosfere hanno poco della cupa dissoluzione in cui si crogiola Fitzgerald, e pochissimo dell'aspro disincanto bellowiano. Sto parlando di *Lunar Park* di Bret Easton Ellis. Benché di primo acchito il libro si presenti come un'impudica confessione di marca rothiana, sempre più, paragrafo dopo paragrafo, vira verso l'horror alla Stephen King. A sorprendere è la naturalezza con cui Ellis mescola dati reali e dati fittizi. Un'alchimia che gli consente di rievocare con il dovuto cinismo gli anni dei primi strepitosi successi editoriali. Un esame di coscienza che proprio come quello di Fitzgerald e Bellow rappresenta un conto salato alle soglie della mezza età. In fondo c'è una linea ideale che unisce la Lost Generation ai ragazzacci della Brat Pack di cui Ellis è l'indiscusso capofila. Sostituisci l'alcol con la droga, le schermaglie romantiche con il sesso, i party di Great Neck con le feste al Carlyle, e ciò che resta è un'avvilente impressione di opulenza e disfacimento. È come se nel frattempo la percezione che i giovani scrittori avevano di sé e del proprio posto nel mondo avesse subito un'irrimediabile metamorfosi. Al culmine dei reaganiani anni Ottanta il successo non è più un obiettivo da perseguire con pazienza, ma un punto di partenza ineludibile. Il mercato editoriale, ormai compromesso con la moda e il cinema, non vede l'ora di prostrarsi ai piedi del nuovo enfant prodige elevandolo al rango di idolo.

Nel rievocare i giorni di gloria successivi all'uscita di *American Psycho*, Ellis ha buon gioco nel paragonare la celebrità raggiunta a quella di "una stella del cinema e dello sport". Un brutale stravolgimento di vita reso ancora più ingestibile dall'abuso di droga, alcol e sesso. Per forte che sia la tentazione di prestare fede alle vanterie retrospettive di questo narratore scostante e vanesio, è bene non dimenticare che *Lunar Park* è un romanzo, e in quanto tale votato al raggiro e alla trasfigurazione. Cedendo all'incantesimo esercitato dalla prosa di Ellis, alla malia dei suoi mille giochi di prestigio, si rischia di perdere contatto con la realtà: *Lunar Park* è un libro sugli effetti devastanti della gloria. Chi ne è travolto viene proiettato in un'altra dimensione. Ciò comporta una progressiva perdita di sé:

> Quello che non dissi – che non potevo dire – a nessuno fu che scrivere quel libro [*American Psycho*] mi aveva estrema-

mente turbato. E che malgrado avessi progettato di ispirarmi a mio padre per delineare Patrick Bateman, qualcos'altro – *qualcosa* – aveva preso il sopravvento, trasformando quel nuovo personaggio nel mio unico punto di riferimento durante i tre anni che impiegai per finire il romanzo. Quello che non dissi a nessuno fu che l'avevo scritto di notte, quando lo spirito di quel folle assassino veniva a trovarmi, a volte riscuotendomi dal sonno profondo in cui cadevo grazie allo Xanax. Quando mi ero reso conto, con orrore, di ciò che voleva da me quel personaggio, avevo cercato di resistergli, ma il libro esigeva di essere scritto.

Esigeva di essere scritto. Ecco fin dove può condurti l'ambizione sfrenata e perversa. A un gorgo senza fondo. Non so come altro definirlo. Un gorgo che risucchia nelle sue spire ogni grumo della tua volontà. Non c'è modo di resistergli. Si tratta di un'esperienza che parecchi scrittori americani hanno raccontato in forme tutto sommato analoghe: da Cheever a Roth, da Salinger a Capote, da Styron a Franzen. Niente come un'ambizione mal gestita rischia di ridurti al silenzio.

ODIO

L'odio è un'altra cosa

Prima di scegliere *Odio* mi sono chiesto se non fosse meglio intitolare questa sezione: *Risentimento.* Non è una questione di lana caprina. Benché imparentati, infatti, si tratta di sentimenti non perfettamente sovrapponibili. Contigui sì, ma non sovrapponibili. "Il risentimento" scrive Max Scheler "è un autoavvelenamento dell'anima." Il risentito è un essere gretto ben deciso a nascondere la propria malevolenza dietro una coltre di buon senso e ipocrisia. Forse la parola "risentimento" avrebbe potuto trovare uno spazio adeguato nel capitolo precedente. Le ambizioni frustrate di un autore sono l'humus in cui germoglia il livore.

A chi volesse farsi un bel bagno nella fogna in cui sguazza l'autore medio consiglio volentieri *L'informazione,* il brillante, spassoso, per molti versi geniale libro di Martin Amis, di gran lunga il suo migliore. Lo si può leggere come un romanzo di costume di balzacchiana memoria o come apologo sull'eterna contesa tra gli artisti. Affondando voluttuosamente le mani nella tradizione satirica inglese – da Swift a Waugh, passando per Thackeray –, Amis mette in scena la patologica rivalità tra lo scrittore di successo Gwyn Barry e lo scribacchino fallito Richard Tull. Il rancore di quest'ultimo nei confronti dell'amico-rivale è talmente atroce da tramutarsi in istinto omicida. Vien da chiedersi se Amis per dare forma alla sua sordida pantomima mondana non si sia ispirato a *Mozart e Salieri*, la tragedia di Puškin da cui avrebbe tratto un bellissimo film Miloš Forman. La pièce di Puškin e il romanzo di Amis offrono esempi estremi e truculenti del rancore che alberga nel cuore di un artista ambizioso.

Tra gli esempi più antichi, consegnati ormai agli annali della letteratura, c'è la famigerata invidia che Cecco d'Ascoli non seppe mai dissimulare nei confronti di Dante Alighieri: "Che cosa vuol dire" si chiede George Steiner "essere un poeta epico con aspirazioni filosofiche quando si ha, diciamo, come vicino di casa uno come Dante? O essere drammaturgo nella stessa epoca in cui Shakespeare è appena uscito per andare a cena?". Niente è più umano dell'invidia e della gelosia dei mediocri per i grandi. Peccato che tali sentimenti aberranti trovino spazio nei cuori di quasi tutti gli scrittori, persino di coloro il cui talento potrebbe bastare a se stesso.

A questa annosa questione Anne Boquel ed Étienne Kern hanno dedicato un libretto divertente e informato circoscrivendo la loro indagine erudita agli scrittori francesi del diciannovesimo secolo: *Une histoire des haines d'écrivains*. Nel prologo leggiamo:

> Di fronte a una tale marea di rancori e malafede, resta una sola domanda: ma perché tanto odio? Perché esso è parte integrante della condizione dell'uomo di lettere (...) È una legge intangibile, gli scrittori si costruiscono gli uni contro gli altri. Da quando l'autore dell'*Odissea*, chiunque egli sia, ha voluto fare meglio di quello dell'*Iliade*. Fare meglio: è questo l'obiettivo di Balzac dopo avere letto *Volupté* di Sainte-Beuve nel 1834.

Che Sainte-Beuve fosse un odiatore provetto è dimostrato dalla controversia da lui ingaggiata con il coetaneo Victor Hugo. Come annotò lui stesso: "Ormai i miei rapporti con Hugo sono molto semplici; li riassumo così: nemici, nemici mortali". Un'inimicizia che i due grandi scrittori si sarebbero trascinati nella tomba. Bisogna dare atto a Sainte-Beuve di essersi scelto un competitor degno della sua bellicosità, un avversario che più invincibile non avrebbe potuto essere. Solo un attaccabrighe del suo calibro avrebbe potuto osare tanto. Per avere un saggio della sua ferocia basta sentire cosa dicono di lui altri due odiatori di prim'ordine, i fratelli Goncourt:

> Rientriamo dalla campagna per la cena da Magny. Si parla del morto del giorno, Alfred de Vigny, ed ecco che Sainte-Beuve butta degli aneddoti sulla sua fossa. Quando vedo Sainte-Beuve avvicinarsi a un morto con le sue piccole frasi, mi sembra di vedere delle formiche all'attacco di un cadavere, vi spolpa una gloria e vi resta tra le mani uno scheletrino essenziale e in perfetto ordine.

Per amor di giustizia occorre dire che a suo tempo Vigny aveva definito Sainte-Beuve "un rospo che avvelena tutte le acque in cui nuota".

Che pensare dell'indignazione dei Goncourt? Considerando la loro proverbiale perfidia, suona un po' come il muggito del bue che dà del cornuto all'asino. Quanto a maldicenze, infatti, nessuno è secondo ai Goncourt. Essi sono gli autori di quello straordinario *Journal* scritto a quattro mani che, nella sua meticolosa freddezza, è pervaso di un livore e una tendenziosità intollerabili. Difficile trovare qualcuno che abbia coltivato con altrettanta raffinatezza l'invidia e che abbia eletto la diffamazione a forma d'arte. I due ne hanno per tutti. Non c'è autore contemporaneo, finanche il più eminente, cui non venga riservato un trattamento severo e liquidatorio al punto da ridurlo a caricatura di se stesso. Balzac mangiava come un maiale, Sand era una ninfomane ambigua, Gautier un pedofilo, Flaubert un provinciale viziato, vanaglorioso e scurrile.

Le conversazioni tra questi scrittori eminenti di cui i

Goncourt danno conto nelle loro pagine sono impregnate di misoginia e di sciovinismo:

> Si passa alle donne, al soggetto abituale della conversazione. Gautier dice di amare soltanto la donna asessuata, cioè quella tanto giovane da escludere ogni idea di maternità, di matrici, di ostetriche. Aggiunge che siccome non può soddisfare questa passione per paura della polizia, le altre donne di venticinque o di cinquant'anni hanno tutte la stessa età.
>
> A questo punto Flaubert, con la faccia infuocata, la voce mugghiante, ruotando i suoi grandi occhi, prende il via e dice che la bellezza non è erotica, che le donne belle non sono fatte per il letto, che sono buone solo per ispirare delle statue, che l'amore ha un fondamento ignoto, prodotto dall'eccitazione, ma raramente dalla bellezza.

Non vengono risparmiati nemmeno i grandi artisti stranieri: Turgenev, Tolstoj, Dickens, persino il nostro Rossini, a quanto pare fin troppo incline a perversi piaceri carnali.

> Ieri sera, nel *fumoir* della principessa, la conversazione è caduta su Rossini. Si parlava del suo priapismo, della sua predicazione in amore per le cose sofisticate e, infine, degli strani e innocenti piaceri che, nei suoi ultimi anni di vita, si concedeva con ragazzine nude fino alla cintola, su cui faceva scorrere le sue mani lascive, facendosi succhiare l'estremità del dito mignolo.

I duelli, dunque, erano all'ordine del giorno: non soltanto Sainte-Beuve e Hugo, ma anche Baudelaire e Banville, Balzac e Sue, Lamartine e Chateaubriand... Soldi, schermaglie romantiche, stroncature, ogni pretesto era buono per litigare e per darsele di santa ragione.

Sarebbe ingenuo circoscrivere certi impulsi bellicosi ai salotti parigini dell'Ottocento. Le cronache letterarie di qualsiasi paese e di qualunque epoca pullulano di rivalità sanguinarie. Restringendo il campo al Novecento: Joyce e Woolf, Proust e Gide, Montale e Quasimodo, Nabokov e Sartre, Capote e Vidal, García Márquez e Vargas Llosa, Easton Ellis e Foster Wallace.

Difficile stabilire quale sia il contributo fornito dalle suddette rivalità alla vena degli scrittori coinvolti. Così, a sensazione, direi: un contributo modesto. Il risentimento e l'invidia sono sentimenti sterili e infecondi. È chiaro che l'odio è un'altra cosa.

Lo scrittore che odia

L'odio è un sentimento viscerale e nutriente. Refrattario ai compromessi e alla bienséance, si scaglia sul nemico con spavalderia, senza calcoli e tornaconti. Da ciò deriva gran parte della sua nobiltà. L'odio è un grido rivolto al cielo, una sfida lanciata a niente e a nessuno, un accesso di ira che, a seconda delle circostanze, può essere specifico o generalizzato.

"L'odio" scrive Giorgio Manganelli "è una ragione fantastica ed eccitante, un modo caldo di agglomerarsi del linguaggio, di gusti aspri e sanguigni; o piuttosto un animale leggendario, una astuta e ostinata anfesibena." Pur ammirando, e parecchio, le vorticose divagazioni letterarie di Manganelli, trovo questa definizione di odio un po' sfocata. La sensazione è che non lo prenda troppo sul serio: chi odia di solito lo fa.

Del resto, trasformare la collera in poesia è un'operazione così difficile che i pochi che ci sono riusciti costituiscono un esempio inimitabile per tutti noi. Che si tratti di Petronio o Giovenale, di Cecco Angiolieri o Villon, di Chamfort o Swift, di Baudelaire o Dostoevskij, di Kraus o Bernhard, di Céline o Bukowski, lo scrittore che odia è per tempra e destino un solitario. Si aspetta da sé ciò che ha smesso di chiedere agli altri: lealtà e dedizione. Sempre vigile, in trincea, non ammette cedimenti. Gli oggetti del suo odio sono quasi sempre gli stessi: l'ipocrisia, il perbenismo e la stupidità. Ciò detto, non tutti gli odiatori si somigliano. C'è chi fa un uso indiscriminato dell'invettiva, chi preferisce il fioretto della satira sociale. La sola cosa che accomuna questa schiera di sociopatici è la sfiducia nel mondo e l'avversione per il prossimo.

Non per forza l'odio di cui parlo è consapevole. Talvolta, per chi è in cerca di uno spazio vitale, l'ostilità è un diritto e una necessità. Pur di affermare la propria autonomia, l'artista-odiatore sente l'esigenza di sbarazzarsi (a costo di oltraggiarli) dei maestri che lo hanno formato, come un figlio che disconosce l'autorità di un padre troppo ingombrante. È il caso di Baudelaire, che diventa poeta in antitesi, se non proprio in odio, ai grandi poeti che lo hanno preceduto. O almeno è ciò che pensa Valéry:

> Il problema di Baudelaire poteva dunque – doveva dunque – porsi nei seguenti termini: "essere un grande poeta, ma non essere né Lamartine, né Hugo, né Musset". Non dico che tale proposito fosse cosciente, ma esso era necessariamente in Baudelaire – anzi, esso era necessariamente Baudelaire. Nei regni della creazione, che sono altresì i regni dell'orgoglio, la necessità di distinguersi è inseparabile dall'esistenza stessa.

Stando a Valéry, quindi, il sentimento di ribellione che anima Baudelaire è di natura ambivalente. Ammesso che lo si possa considerare tale, è un odio sui generis. Ciò detto, tra i molti pregi che vanno riconosciuti a Baudelaire c'è anche quello di aver offerto un modello di comportamento a un'intera generazione di poeti iconoclasti.

Come per esempio Isidore Lucien Ducasse, meglio noto come Lautréamont. Originario di Montevideo, morto giovanissimo, autore di due libri soltanto, il contributo offerto dalla sua opera di esordio è ineludibile per chiunque ami immergersi in certe atmosfere mefitiche e degenerate. Influenzato dalla stessa temperie baudelairiana che portò alla ribalta poeti dal talento non meno bizzarro come Rimbaud e Corbière, Lautréamont si mise in mostra con un'opera destinata ad avere un'immensa fortuna nel Novecento: *I canti di Maldoror*. Illustrare il contenuto di questo libro misterioso e oracolare è un'impresa che nel corso dell'ultimo secolo ha messo in crisi critici ben più attrezzati di me. In un certo senso, *I canti di Maldoror* sono refrattari a ogni definizione esaustiva. I sei lunghi *poème en prose* che li compongono sono incentrati sulla figura demoniaca di Maldoror. Chi sia davvero (entità sovrannaturale? Anticristo? Alter ego dell'autore?) non ci è dato di sapere. Se ne parlo in questa sede è solo perché Maldoror incarna il prototipo dell'odiatore compulsivo: "Lettore, è forse l'odio che tu invochi sul principiar dell'opera!". Se è a me che Lautréamont si rivolge – parlo di me in qualità di lettore –, devo dargli atto che è proprio questo che cerco nelle sue pagine: l'odio. E non c'è canto che non mi soddisfi. Né mi sorprende che una creatura proverbialmente abietta come Maldoror sia nata buona, e che solo in seguito abbia scoperto in sé il germe dell'odio. L'odio non è condizione data, ma una di quelle attitudini che si apprendono sul campo. Più conosci il mondo, più impari a esecrarlo. Peccato che una volta contratto il germe non ci sia modo di liberarsene:

> Già il sangue e l'odio mi montano alla testa, a fiotti ribollenti. Esser io abbastanza generoso da amare i miei simili! No, no! L'ho deciso sin dal giorno della mia nascita! Non mi amano, loro! Si vedranno i mondi andare in rovina, e il granito scivolare, come un cormorano, sulla superficie delle onde, prima che io tocchi la mano infame d'un essere umano. Indietro... Indietro, quella mano!

Maldoror non fa sconti a nessuno, neanche ai bimbi in fasce, creature innocenti da seviziare senza pietà: "Poi se ne beve il sangue leccandogli le ferite; e in questo lasso di tempo, che dovrebbe durare quanto dura l'eternità, il fanciullo piange".

La sola perplessità generata da pagine così estreme e truculente riguarda il grado della loro genuinità. In altre parole, è forte il sospetto che a muovere la penna del geniale giovanissimo poeta sia il desiderio di farsi beffe del lettore. Se è vero che l'odio è figlio del dolore e del disgusto, è difficile credere fino in fondo nell'autenticità di quello ostentato da Lautréamont. Il suo odio sa tanto di pantomima. Del resto, odiare tutto equivale a non odiare niente. Come ha scritto Baudelaire: "L'odio è un liquore prezioso, un veleno più caro di quello dei Borgia – perché è fatto con il nostro sangue, la nostra salute, il nostro sonno e i due terzi del nostro amore! Bisogna esserne avari!".

A ricordarcelo quasi a ogni pagina è Thomas Bernhard, forse il più grande scrittore austriaco del secondo dopoguerra, e comunque tra i massimi di lingua tedesca. Lui sì che sapeva dove indirizzare il suo odio, e come farlo. Certe volte leggendolo ti chiedi che ne sarebbe stato delle sue opere narrative se le avesse depurate dall'odio per i suoi compatrioti. Che ne sarebbe stato delle sue pièce teatrali se l'Austria non fosse esistita? Cresciuto nell'angusta Salisburgo degli anni Trenta, e quindi sin dalla fanciullezza immerso fino al collo nella più spregevole retorica nazista, Bernhard ha consacrato la sua vita artistica alla denuncia dell'ipocrisia dei suoi connazionali, incapaci, a suo dire, di fare i conti con un peccato originale mai completamente emendato. Autore prolifico e discontinuo, ha dato forma a un'opera di una coerenza implacabile.

Il suo odio si condensa in un'ossessiva ostinazione stilistica. Per incalzare il lettore, per non permettergli di riprendere fiato, Bernhard abolisce gli "a capo" e farcisce le sue frasi di ripetizioni percussive e irritanti. È questa tecnica anaforica a conferire alla pagina bernhardiana la sua proverbiale compattezza.

L'invettiva contro la città natale cui si lascia andare all'inizio dell'autobiografia sembra fungere da manifesto. Vittima dei suoi strali è il salisburghese medio: "Una città che ha ferito il suo spirito, ha ferito la sua indole, non ha fatto altro che oltraggiare il suo spirito e la sua indole, una città che lo ha senza posa, direttamente o indirettamente, castigato e punito per mancanze e delitti non commessi, mortificando in lui sensibilità e sensitività di ogni genere, e mai sviluppando il suo senso creativo". Non è che un esempio dei tanti che potrei fornire dell'incessante lavorio cui Bernhard sottopone le sue pagine. A dominarle è un misto di indignazione e ferocia, raramente ammorbidite da repentini afflati di pietà. I fendenti che mena a destra e a manca hanno sempre lo stesso bersaglio: l'ipocrisia, il bigottismo, la flaccida immoralità del borghese austriaco. Sulla scorta del suo grande predecessore, Karl Kraus, per Bernhard l'Austria – territorialmente rimpicciolita e resa marginale dalle sconfitte subite in ben due guerre mondiali – è l'epitome di tutti i mali che affliggono l'umanità. Meno incline di Kraus all'ironia epigrammatica, Bernhard si rifugia in un sarcasmo verboso. Come recita il titolo di un suo celebre romanzo, la specialità della casa sono i *colpi d'ascia*. In quel libro, per molti versi formidabile, Bernhard dà fondo a tutto il suo odio per la buona borghesia austriaca. Gli Ausberger, la coppia altolocata che ha organizzato la "cena artistica" cui il narratore partecipa suo malgrado, assurgono a emblema del filisteismo viennese. Il narratore, seduto su una bergère in salotto, li contempla con un'insofferenza che troppo spesso degenera in collera. A rendere la serata ancor più grottesca e luttuosa è il recente suicidio di un'amica alle cui esequie tutti, nessuno escluso, hanno partecipato. "C'è una ragione ben precisa se già allora, negli anni Cinquanta, io mi sono scelto questa bergère che oggi è ancora lì, nello stesso posto di allora, e la ragione è che da questa bergère (...) io vedo tutto, sento tutto, niente mi può sfuggire." La bergère, in effetti, offre al narratore la tribuna ideale per scoccare le sue frecce avvelenate contro i padroni di casa e i loro ospiti, contro tutto e contro tutti. "Che gente ridicola, che gente meschina, pensavo seduto nella bergère."

Ma può l'odio costituire la sola fonte di ispirazione? Può l'odio bastare a se stesso? Può l'odio offrire un orizzonte completo?

"Il guaio dell'odio" scrive Steiner "è che ha il fiato corto. Là dove l'odio produce un'ispirazione autenticamente classica – in Dante, in Swift, in Rimbaud –, lo fa con delle folate su brevi distanze. Quando si protrae, diventa una sega monotona e mal affilata che ronza e stride senza fine. L'ossessiva, indiscriminata misantropia di Bernhard, le filippiche contro l'Austria ventiquattr'ore su ventiquattro minacciano di vanificare i loro stessi scopi." Come spesso gli capita, Steiner mette il dito nella piaga. Forse è questo il limite dell'odio "ventiquattr'ore su ventiquattro": rende tutto troppo scontato e monotono; non consente a chi lo pratica di vedere le mille sfumature di cui è fatto il mondo sensibile.

Genio, saltimbanco o caso clinico?

Leggendo Steiner che scrive di Bernhard è quasi impossibile non pensare a Ferdinand Céline, il santo patrono degli odiatori del Novecento. Al suo confronto persino la collera di Bernhard trascolora. L'odio per l'Austria del dopoguerra, infatti, nasconde il rimpianto dell'età dell'oro. Quando quel piccolo paese era la culla della civiltà europea, una Mecca dello spirito degna dell'Atene di Pericle, capace di regalare al mondo artisti e filosofi imprescindibili: Musil, Broch, Schönberg, Klimt, Wittgenstein. La Francia contemporanea diventa invece agli occhi di Céline il testimone di una perversione morale dalle radici secolari. Céline identifica in Montaigne, uno scrittore del Cinquecento, l'origine della malattia cronica contratta dai suoi connazionali: un virus che ha infettato la lingua letteraria condannandola a un'eleganza ironica, leccata e decadente:

> Il "francese" da liceo, il "francese" decantato, filtrato, un francese spogliato, un francese congelato, un francese strofinato (naturalista modernizzato), il francese con la museruola, il francese Montaigne, Racine, francese ebraico con zaini francesi di Anatole l'ebreo, il francese Goncourt, il francese disgustosamente elegante, modellato, orientale, untuoso, scivoloso come la merda, è l'epitaffio stesso della Razza francese (...) Questo francese è l'ideale per i Robot.

Al di là del retrogusto spregevolmente razzista e antisemita, a colpire è la natura antipatriottica, antisciovinista dell'odio di Céline. Per trovare uno scrittore francese che gli vada a genio, Céline deve andare parecchio indietro, tornando al quindicesimo secolo. Si tratta di François Villon. Nel poeta del popolo, nello scrittore maledetto, nell'incallito fuorilegge, Céline ritrova la parte più genuina dello spirito francese, il nucleo autentico messo in crisi nel corso dei secoli dai divieti delle Accademie, dagli snobismi della bienséance, dal fervore illuminista di Diderot e Voltaire, dall'estetismo flaubertiano, dallo scetticismo di France e Proust.

In una tarda intervista concessa a Georges Cazal nella casa di Meudon (il suo rifugio di reietto), Céline dice: "Il modo in cui gli altri scrivono, francamente, non mi piace. Io ho trovato un altro modo di stilizzare che mi soddisfa (...) I contemporanei, colleghi di talento, scrivono alla maniera di Paul Bourget, di Anatole France, che a sua volta copiava Voltaire".

Niente di nuovo. È proverbiale l'attenzione prestata da Céline allo stile. Ogni volta che qualcuno lo mette di fronte alle sue responsabilità politiche – i pamphlet, le simpatie per il regime di Vichy, l'apologia di Hitler –, lui chiama in causa lo stile. Un'arma di difesa che alcuni considerano oltremodo spuntata, ma che a mio parere non va affatto sottovalutata.

Proprio come Bernhard, infatti, è attraverso i suoi stilemi che Céline conferisce sostanza all'odio. I punti di sospensione, le esclamazioni, le ellissi, l'argot e il turpiloquio fungono da cassa di risonanza per le sue recriminazioni, per gli accessi di bile e per il vittimismo. Da qui l'accusa di manierismo che grava soprattutto sull'ultima parte della sua produzione: la celebre *Trilogia del Nord*. In un pamphlet di qualche anno fa Jean-Pierre Martin ebbe buon gioco nel denunciare quest'uso strumentale e disonesto dello stile. "Quanto all'odio, esso si abbatte sempre su obiettivi coerenti. È smidollato e ruminante. Ci travolge con le sue circostanze attenuanti e si disinnesca in istrionismi ironici. È un odio lavorato, calcolato alla virgola, precisamente dosato (...) Céline è lo scrittore dell'inganno e della malafede."

Martin, nel denigrare Céline, incorre in un curioso mimetismo. Il suo odio per Céline, infatti, ha un ardore celiniano. Ma non tutte le sue argomentazioni sono peregrine. Lo abbiamo detto, è tipico dello scrittore che odia ingolfarsi in un registro assordante e monotono. Il tutto a scapito dell'autenticità rivendicata a ogni capoverso. Niente più dell'odio corre il rischio di impantanarsi nella parodia di se stesso. Su questo non c'è accordo neppure tra i celiniani incalliti. C'è chi ai grandi romanzi di esordio, il *Viaggio* e *Morte a credito*, preferisce la *Trilogia del Nord*. E chi pensa che leggere dalla prima all'ultima riga *Da un castello all'altro* o *Rigodon* sia un'esperienza esasperante e vertiginosa a un tempo. È come trovarsi di fronte a un uomo straziato dalla paranoia che non fa che sputarti addosso truci parole in libertà. Uno spettacolo non solo penoso ma anche disastrosamente monocorde. Nei rari momenti di resipiscenza Céline è il primo ad ammetterlo:

> Mio Dio, che bello sarebbe tenersi tutto questo per sé!... più dire una parola, più niente scrivere, che ti rompano più assolutamente le palle... si andrebbe a finire da qualche par-

te in riva al mare... mica la Costa Azzurra!... il mare vero, l'Oceano... si parlerebbe più a nessuno, completamente tranquillo, dimenticato...

Bêtise

Non è detto che l'odio debba essere per forza spiattellato in faccia al lettore con la furia di Céline e l'ostinazione di Bernhard. Lo si può tenere a bada, rimasticarlo fino a ridurlo in poltiglia, e solo allora, a seconda delle esigenze, inocularlo nelle proprie pagine come un veleno. Il trattamento che Dante riserva al nemico di una vita Filippo Argenti non è così diverso da quello cui il Narratore della *Recherche* sottopone l'arrogante Monsieur D'Argencourt. Benché né Dante né Proust possano essere considerati scrittori dell'odio, si avverte nell'opera di entrambi un fondo di disinganno nei confronti dell'umanità. Se Dante non si fa scrupolo di stipare i suoi famigerati gironi di nemici personali, Proust utilizza le ultime strazianti pagine del suo capolavoro (la famosa *Matinée Guermantes*) per infliggere ai personaggi che gli stanno più antipatici le punizioni che secondo lui essi meritano. La letteratura ha questo di bello, è un luogo franco che consente a chi ne faccia un uso onesto di vendicare gli oltraggi subiti. Ma non è detto che per vendicarsi occorra roteare le pupille e digrignare i denti. Lo si può fare con eleganza e ironia. Nella *Recherche*, per esempio, si fa ampio uso del registro comico. Le stoccate velenose che Proust indirizza contro Legrandin, Madame Verdurin o Morel non lasciano mai emergere alcun bilioso risentimento. Proust infilza i suoi personaggi con giustezza, e nel farlo strizza l'occhio a noi lettori strappandoci un sorriso di complicità. Questione di temperamento.

Flaubert era di tutt'altra pasta. Sin dalla prima adolescenza – lo mostrano bene le acerbe lettere agli amici –, coltivò la sua misantropia in modo spavaldo e meticoloso. Influenzato dai grandi romanzieri del diciottesimo secolo – Fielding, Swift, Voltaire –, elesse la stupidità a idolo polemico. Ciò spiega perché le sue opere abbondino di uomini stolti e verbosi, e di donne fatue e sprovvedute. Gli idioti da lui messi in scena sono di due categorie, per molti versi antitetiche. Da un lato i farabutti e i malintenzionati, gaglioffi dalla dubbia moralità come Homais e Arnoux; dall'altro gli ingenui e i creduloni, su tutti le anime belle di Charles Bovary e Félicité. A questi ultimi Flaubert concede l'onore delle armi. In un modo tutto suo, totalmente ateo, si appropria del credo evangelico secondo cui le chiavi del regno dei cieli saranno appannaggio esclusivo dei poveri di spirito. L'amore infinito di Charles Bovary per la moglie fa il paio con la devozione di Félicité nei confronti di un pappagallo impagliato. A salvarli è la semplicità di cuore, la disarmante innocenza.

Non è certo su costoro che Flaubert ama infierire. A mandarlo in bestia sono tutti gli altri: il melenso Léon, il protervo Rodolphe, il risentito Sénécal, il losco Dambreuse... Questi sì che meritano tutta l'ostilità di cui è capace.

Non c'è scena – finanche la più tragica, che so, l'agonia di Emma – che Flaubert non farcisca di un fitto strato di sarcasmo. Leggi certe pagine e non puoi fare a meno di chiederti con che animo Flaubert le scrivesse. Per un attimo ti sembra di vederlo, nella soffitta di Croisset, a tu per tu con i suoi spettri e le sue rabbie, penna in mano e bava alla bocca. È di Emma che dovrebbe occuparsi, del suo cadavere caldo e delle mille speranze andate in fumo, e invece eccolo sviare l'attenzione del lettore verso Bournisien, il prete, e Homais, il farmacista, alle prese con la più stupida e inopportuna controversia teologica. Come se Flaubert, in cuor suo, ritenesse che nella vita, così come nell'arte, niente meriti rispetto, neppure la morte che la sua volubile eroina si è appena inflitta con l'arsenico.

Non stupisce che il romanzo su cui lavorava quando la

morte lo colse alla soglia dei sessant'anni avesse per protagonisti due imbecilli di prim'ordine. Pochi anni prima, volendo illustrare a un'amica il progetto in cantiere del *Bouvard e Pécuchet*, aveva scritto: "Finalmente potrò esprimere il mio modo di pensare, esalare il mio risentimento, vomitare il mio odio, espettorare il mio fiele, eiaculare la mia collera, detergere la mia indignazione".

A sorprenderci semmai è che, per dare fondo al suo odio per l'umanità ("eiaculare la mia collera"), Flaubert abbia scelto di accanirsi su due sempliciotti così scriteriati. Non Lady Macbeth, non Riccardo III e nemmeno il perfido Iago. Bensì François Denys Bartholomée Bouvard e Juste Romain Cyrille Pécuchet (già i nomi sono un programma): una coppia comica composta da due pompose mezze tacche, impiegati di basso livello imprigionati in un'esistenza che più insipida e abitudinaria non potrebbe essere, e forse proprio per questo animati da istanze pretenziose e progetti velleitari. Il paradosso è che a renderli così imbecilli sia proprio la sete di conoscenza, e che tale urgenza condivisa sia il terreno su cui germoglia e prospera il loro sodalizio. A unirli è l'ambizione oltremodo stupida di impossessarsi dello scibile umano. Quando visitano una biblioteca vogliono sapere il numero esatto di volumi affastellati sugli scaffali; al Collège de France seguono lezioni di arabo; guardando un vecchio mobile si lasciano andare al rimpianto di epoche lontane più feconde e felici. È come se, attraverso di loro, Flaubert volesse aggiornare il bovarismo della casa, rendendolo, se possibile, ancora più pernicioso e affettato. A ossessionare questi due imbelli, infatti, non è il desiderio di avventure romantiche, ma la smania di conoscere l'universo. "E col crescere delle idee, crebbero le sofferenze. Quando incrociavano una diligenza per strada, sentivano l'esigenza di partire con quella. Al mercato dei fiori sulla Senna sospiravano sulla campagna." Occorre dire che Flaubert si mostra con i suoi squinternati eroi di mezza età più generoso che con la giovane Bovary. Mettendo loro a disposizione l'eredità ricevuta dallo zio di Bouvard, offre a entrambi l'opportunità di emanciparsi e di cambiare vita. Con quei soldi possono realizzare i desideri coltivati da sempre. Peccato che alla lunga tale trionfo si riveli una vittoria di Pirro. Finalmente liberi di esprimersi, Bouvard e Pécuchet collezionano un fallimento dopo l'altro. È così che funziona, no? Dai a un idiota la possibilità di mettersi in mostra e farà disastri.

Purtroppo la prematura morte del loro creatore ci ha impedito di conoscere l'epilogo che Flaubert aveva in serbo per loro. Ciò che resta – scolpito nella roccia – è l'odio flaubertiano per la stupidità. Un sentimento che lo pervadeva al punto da indurlo a stilare nel corso degli anni uno stupidario che da solo costituisce una poetica. Sto parlando del famoso *Dizionario dei luoghi comuni* nel quale Flaubert, con uno spirito tassonomico degno dei suoi eroi più strampalati, stipò tutti i cliché che infestavano la sua epoca. Persuaso com'era che le sciocchezze-che-si-fingono-intelligenti sono il pane quotidiano dei cretini, s'impegnò a riunirle in un catalogo dettagliatissimo. A leggerle oggi, una di seguito all'altra, si fa fatica a comprendere cosa avesse in testa Flaubert. Non tutte quelle frasi ci appaiono divertenti ed emblematiche. E tuttavia si avverte il desiderio dell'inesausto collezionista di raccoglierle a fattor comune. Non c'è sequenza di parole da lui trascritta che non avrebbe potuto mettere in bocca a uno dei suoi eroi. Vien da chiedersi come gestirebbe Flaubert l'infinita caterva di sciocchezze che infesta la nostra epoca. Cosa penserebbe dei vaniloqui dei talk show, dei pomposi post su Facebook, degli slogan gridati nelle manifestazioni di piazza? Altro che dizionario, ce ne sarebbe abbastanza per allestire un'enciclopedia dell'insipienza e dell'idiozia umane.

Che non sia questa la grande intuizione flaubertiana: elevare la stupidità al rango di calamità naturale, come un tifone, come una slavina? Del resto, gli strumenti di cui la stupidità si avvale per dissimularsi e rendersi presentabile sono più sofisticati di quanto si creda: la retorica, la malafede, il buon senso, il patetismo, le affermazioni tonitruanti, la mozione degli affetti, gli accessi di bile e indignazione... Ecco perché non bisogna sottovalutarla – la stupidità, intendo –, perché essa sa essere ingerente e violenta. Nei casi peggiori costituisce il nucleo segreto che nutre i regimi totalitari, le democrazie agonizzanti, gli imperi criminali. Basta guardarsi intorno per capire che sono loro, gli stupidi, i padroni del vapore. La brama di conquista che li anima, unita all'incrollabile fiducia in se stessi, li espone a sbagli la cui grossolanità non sono attrezzati a comprendere. Poiché non c'è argomento su cui non si sentano in diritto di esprimere un'opinione, poiché non c'è niente che non siano disposti a deturpare, non basta compatirli, bisogna odiarli.

L'invincibile armata della stupidità

Sarebbe incauto sostenere che Flaubert abbia inventato qualcosa. La cosiddetta *bêtise* è un topos che lui ha contribuito ad aggiornare in modo geniale e moderno, con punte di acrimonia inedita, ma non si può dire che sia tutta farina del suo sacco. Da Cervantes a Shakespeare, da Voltaire a Diderot, da Puškin a Gogol', sono parecchi gli scrittori che prima di lui hanno saputo trasfigurare la dabbenaggine in tema universale. Se ho scelto di partire da Flaubert non è solo per via della mia vecchia consuetudine con la sua opera, ma anche perché mi sembra che lui abbia conferito all'argomento e al genere un impulso nuovo, per molti versi ineludibile per gli artisti venuti dopo. Se i suoi contemporanei, persino gli amici, rimasero stupefatti e un po' delusi leggendo quel suo libro postumo, per noi esso è una pietra miliare. L'influenza esercitata da Flaubert è talmente infestante da aver orientato anche i gusti di certi grandi cineasti del ventesimo secolo. La filmografia di Buñuel e dei fratelli Cohen non avrebbe avuto la stessa forma senza l'indiretto contributo offerto da *Bouvard e Pécuchet*. E altrettanto si può dire dei nostri maestri della commedia: Monicelli, Risi, Germi, Comencini...

Restringendo il discorso all'ambito letterario, l'ascendenza flaubertiana appare ancor più pervasiva. Quale autore di grande respiro del primo Novecento ha resistito alla tentazione di offrirci la propria versione dello stupido integrale? Proust, Joyce, Musil, Kafka, Svevo, Pirandello, per citare i sommi, hanno dato un apporto essenziale a questa storia universale dell'imbecillità. Il che non deve certo stupirci, dato che quella della stupidità è un'industria in costante fermento, e i guai che essa produce continuano a rappresentare una fonte di costante ispirazione letteraria.

Lo sapeva bene Karl Kraus, che al tema consacrò un'opera intrisa fino al midollo di umori neri e accenti satirici. Ne *Gli ultimi giorni dell'umanità*, la monumentale pièce scritta in ben sette anni di duro lavoro, si avverte l'influenza sia del *Bouvard e Pécuchet* che del *Dizionario dei luoghi comuni*. Grazie al suo orecchio assoluto, Kraus rivela una peculiare predisposizione a captare i cliché del proprio tempo. E poiché poche cose rendono stupide le persone come l'incombere di una guerra, Kraus ha avuto buon gioco a riempire la sua tragedia di parole in libertà, una più stupida dell'altra. Alle grida di odio che si levano per le strade viennesi allo scoppio della Grande Guerra, farcite come sono di ebbrezza patriottica e di retorica bellicista, fanno da contraltare gli sconnessi balbettii dei soldati in trincea. Al di là dei suoi intenti ostentatamente ideologici, a colpire nella pièce di Kraus è soprattutto la denuncia contro la stupidità umana, una iattura, occorre dirlo, che non viene meno neanche in tempi di pace e prosperità.

Anche se vivi in un magnifico hotel affacciato su un romantico lago svizzero, anche se ce l'hai messa tutta per tenertene alla larga, non puoi fare a meno di interrogarti sull'essenza della stupidità umana. Quando un giornalista della "Paris Review" chiese a Nabokov una definizione esaustiva della *poshlost'* – parola intraducibile di chiara ascendenza gogoliana – la sua risposta fu talmente dettagliata ed efficace da meritare una speciale menzione:

> Il ciarpame rifritto, i volgari luoghi comuni, il filisteismo in ogni sua fase, le imitazioni delle imitazioni, le profondità fasulle, la pseudoletteratura rozza, idiota e disonesta – questi sono esempi ovvi. Ma se vogliamo scovare la *poshlost'* che si annida nella prosa contemporanea, dobbiamo cercarla nel simbolismo freudiano, nelle mitologie tarlate, nei commenti sociologici, nei messaggi a favore dell'umanità, nelle allegorie politiche, nell'attenzione eccessiva alla classe o alla razza e nel genericume giornalistico che tutti conosciamo. La *poshlost'* si esprime in concetti come: "L'America non è meglio della Russia" o "Siamo tutti responsabili delle colpe della Germania" (...) Le recensioni da strapazzo sono spesso *poshlost'*, ma la *poshlost'* si nasconde anche in certi saggi superciliosi. La *poshlost'* definisce il signor Vuoto un grande poeta, e il signor Montatura un grande romanziere.

Non c'è parola di questa acuminata invettiva che Flaubert non avrebbe sottoscritto con entusiasmo. D'altro canto, Nabokov non è l'unico suo figlioccio. A ben guardare, se ne trovano ovunque, anche dove non oseresti cercarli.

In un passo celebre de *L'uomo senza qualità* di Robert Musil, Ulrich, il protagonista, alter ego dell'autore, è alle prese con una delle sue proverbiali elucubrazioni. Lui, così intelligente, è lì che s'interroga sull'essenza della stupidità:

> Non esiste una sola idea importante di cui la stupidità non abbia saputo servirsi, essa è pronta e versatile e può indossare tutti i vestiti della verità. La verità invece ha un abito solo e una sola strada, ed è sempre in svantaggio.

Non è chiaro se Ulrich pensi a se stesso. A guardar bene, sembra proprio di sì. È come se considerasse la stupidità un virus così infettivo da minacciare chiunque, anche chi come lui la esecra e combatte strenuamente. Insomma, la stupidità è molto più esigente di quanto non si creda. Per questo si interessa caparbiamente ai grandi misteri della vita. Non è vero che lo stupido è un ignorante. Lo stupido è informato. Lo stupido si tiene al corrente e studia con alacrità.

Poche righe prima Musil aveva espresso il concetto in modo ancora più incisivo: "Infatti se di dentro la stupidità non somigliasse all'intelligenza, se di fuori non si potesse scambiare per progresso, genio, speranza, perfezionamento, nessuno vorrebbe essere stupido e la stupidità non esisterebbe".

Che la stupidità sia una tentazione irreprimibile Musil lo ribadì nella conferenza tenuta a Vienna nella primavera del '37 su invito della Lega Austriaca del Lavoro. In essa ammetteva: "E neppure vorrei sottacere che nella mia qualità di poeta conosco la stupidità da gran tempo, potrei persino dire che più d'una volta ho intrattenuto con lei rapporti cerateschi!".

Al contrario di Flaubert e Nabokov, Musil non erige tra sé e la stupidità un muro di incomunicabilità. Ma proprio come Flaubert e Nabokov, ammette che la stupidità riguarda soprattutto quella classe di individui che se ne sentono immuni: gli artisti, gli intellettuali, gli scienziati.

> Ho sempre avuto il sospetto che questa resistenza multiforme nei confronti dell'arte e dello spirito più elevato, da parte di un popolo che si vanta di amare l'arte, non sia altro che stupidità – forse una forma particolare, una specie particolare di stupidità artistica e fors'anche sentimentale – che in ogni caso supponevo si manifestasse in questo: colui che si suole chiamare "un bello spirito" è al tempo stesso un bello stupido.

Musil è convinto che la condizione preliminare che induce qualcuno a parlare di stupidità è che egli si senta intelligente. Per contro uno stupido che ammette di essere stupido sta dando prova di quanto non lo sia. Insomma, non se ne esce. Ergersi a paladino dell'intelligenza espone chi lo fa al rischio di dire cose stupide. Tornando al tema della mia breve indagine – l'odio –, è chiaro che Musil indossi i panni dell'intruso. La stupidità non genera in lui sentimenti ostili bensì interrogativi, di ordine metafisico.

Non altrettanto si può dire di Evelyn Waugh. Credo di non sbagliarmi nel definire di chiara marca flaubertiana la passione per gli sciocchi che nutre l'opera di quest'incallito snob, questo intrattabile misantropo inglese. Come ha scritto Guido Almansi: "Gli eroi dei suoi libri sono soprattutto degli sciocchi, tra i più begli sciocchi della letteratura inglese contemporanea". Il più rappresentativo tra essi, stando ancora ad Almansi, è Tony Last, il protagonista di *Una manciata di polvere:* "Stupendo ritratto di *gentleman* inglese tra le cui caratteristiche precipue c'è certamente la sciocchezza. Tony non capisce mai niente; sbaglia grossolanamente nei suoi giudizi, nelle sue previsioni, nella valutazione morale e intellettuale del prossimo". Sarebbe sbagliato sostenere che Waugh odi il suo personaggio. Tutt'altro. Da flaubertiano di razza, anche Waugh non nasconde un moto di simpatia per gli sciocchi di buon cuore. L'ingenuità di Tony Last, la sua inusitata vocazione all'infortunio, per non parlare dell'amabile, demenziale fiducia nell'etichetta lo rendono un tipo irresistibilmente simpatico. Ciò che Waugh odia – un odio che arma la sua mano di scrittore – è il contesto sociale in cui Tony si trova a vivere. La sua stupidità, infatti, è solo la faccia presentabile della stupidità collettiva. La moglie, come il suo amante, sebbene assai più scaltri, non sono meno sciocchi di lui. Stupido è lo strano analfabeta che alla fine del romanzo imprigiona il nostro povero gentiluomo in un villaggio della foresta amazzonica al solo scopo di farsi leggere ogni sera una pagina di Dickens. Ha questo di forte, la stupidità: è più contagiosa del morbillo.

Lo strano caso della famiglia Glass

Quando gli chiesero per quale stramaledetta ragione avesse ucciso John Lennon, Mark Chapman rispose: "Se volete una spiegazione di ciò che ho fatto dovete leggere *Il giovane Holden*".

Una risposta analoga avrebbero potuto darla anche John Warnock Hinckley Jr, l'attentatore di Ronald Reagan, e Robert Bardo, l'omicida della giovane promettente attrice Rebecca Schaeffer. Sia l'uno che l'altro erano fan sfegatati di Salinger e del suo disfunzionale eroe adolescente. Insomma, tra i molti virtuosi primati che *Il giovane Holden* di J.D. Salinger ha collezionato ce n'è uno che di virtuoso ha ben poco: a quanto pare, a idolatrarlo non sono solo lettori comuni, ma anche un discreto numero di assassini e psicopatici.

A scanso di equivoci, prima d'intraprendere un sentiero così impervio e sconnesso, vorrei precisare che non è mia intenzione stabilire una relazione di alcun tipo tra un capolavoro letterario e un atto criminoso. I libri non sono mai pericolosi, a esserlo è l'uso che il singolo lettore può farne. Chi incolpa *I dolori del giovane Werther* dell'epidemia di suicidi che investì la Germania verso la fine del Settecento ha un'idea della giustizia e della letteratura piuttosto rudimentale. La responsabilità morale di un suicidio o di un omicidio ricade solo su chi li ha compiuti, non su chi può averli ispirati del tutto incidentalmente. Nel caso di *Holden*, poi, parliamo di un romanzo che dalla sua uscita nel 1951 ha venduto quasi settanta milioni di copie.

Resta il fatto che il torto maggiore che gli si possa fare, a più di settant'anni dalla sua apparizione nelle librerie di mezzo mondo, è dimenticare l'influenza che esercitò sulle lettere americane, e non solo. Non ha senso relegare *Il giovane Holden* negli angusti confini della narrativa mainstream, tantomeno liquidarlo come una specie di vademecum per giovani riottosi e ribelli. Chiaro che è parecchio di più. E non tanto o non solo per i temi che fece emergere in superficie, ma per la forma rivoluzionaria che inaugurò. Non so se sia mai stato notato, ma credo di non sbagliarmi nel ravvisare una contiguità tra l'esordio di Salinger e quello di Céline. A distinguerli è il contesto. L'America ottimista e trionfante di Salinger ha poco a che spartire con la Francia depressa e in crisi d'identità di Céline. Né va sottovalutata la differente classe sociale cui i due giovani autori appartenevano. L'affinità di cui parlo è soprattutto di ordine stilistico. La voce roca del proletario Ferdinand Bardamu – densa di umori, incline alla collera e al turpiloquio – trova un corrispettivo borghese nel tono scanzonato, irriverente e sarcastico di Holden Caulfield. Per molti versi *Viaggio al termine della notte* e *Il giovane Holden* rappresentano pietre miliari dopo le quali niente è più stato lo stesso. Non è un caso che a ispirarne la composizione sia un'affine esperienza bellica: un trauma violento da cui questi due straordinari narratori non si sarebbero mai pienamente ripresi.

Ecco perché trattare *Il giovane Holden* come un libro lezioso e furbetto, scritto per lisciare il pelo a adolescenti problematici, significa non avere alcun orecchio per la letteratura. La strafottenza del sedicenne Holden Caulfield, le sue sparate contro tutto e contro tutti testimoniano un disagio che va ben oltre il proverbiale malessere adolescenziale. Il suo oggetto polemico privilegiato è l'autorità costituita, in tutte le sue forme: la famiglia, gli amici, le autorità scolastiche. Si prenda come esempio ciò che viene detto di una delle scuole da cui il protagonista è stato cacciato:

> Uno dei motivi principali per cui me ne sono andato da Elkton Hills è che era pieno di ipocriti. Punto. Te li ritrovi ovunque. Per esempio, il preside, il signor Haas, mai conosciuto in vita mia un bastardo ipocrita come quello. Dieci volte peggio del vecchio Thurmer. Di domenica, per esempio, il vecchio Haas andava in giro stringendo la mano a tutti i genitori che venivano a scuola, facendo il carino e tutto quanto. Tranne se

uno aveva dei genitori un po' strani. Dovevate vedere cosa faceva con quelli del mio compagno di stanza. Se uno aveva la madre robusta o vestita fuori moda o roba del genere, e se il padre era di quelli con le spalline della giacca troppo imbottite e le scarpe bianche e nere fuori moda, allora il vecchio Haas gli stringeva la mano al volo, faceva un sorrisetto ipocrita e si spostava subito a parlare, magari per mezz'ora, con i genitori di un altro. Io certe cose non le sopporto. Mi mandano fuori di testa. Mi viene una tristezza che divento matto.

Agli editori che in prima istanza rifiutarono la pubblicazione di *Holden* era chiaro (molto più di quanto non lo sia a noi) che si trattava di un libro pericoloso, scritto da un autore la cui iconoclastia era in grado di minare l'intero sistema. Ribadisco: il genio di Salinger consiste nell'avere dissimulato dietro alle ubbie di un ragazzino gli orrori vissuti in guerra (per la cronaca, Salinger, di padre ebreo, fu uno dei primi militari americani a varcare la soglia infernale di Auschwitz). Ecco, Holden reca sulle spalle i pesi insostenibili di Salinger. Come hanno notato David Shields e Shane Salerno:

> Anche se i lettori non possono rendersi conto di quanto il disturbo post-traumatico da stress di Salinger abbia influito su *Holden*, il romanzo diventa comunque un fenomeno mondiale perché l'autore è riuscito a seppellire quel trauma all'interno del protagonista. Siamo tutti traumatizzati, in un modo o nell'altro; tutti, a un certo punto, e specialmente nell'adolescenza, ci siamo sentiti irrimediabilmente danneggiati, e tutti abbiamo bisogno di una cura. *Holden* fornisce questa cura, almeno in parte.

A scatenare l'identificazione in milioni di lettori è la spavalderia con cui Holden rifiuta di scendere a patti con i dettami imposti dalla puritana America di Eisenhower. In questo senso, lui è un vero e proprio antesignano della contro-cultura i cui fuochi sarebbero divampati prima negli Stati Uniti poi nel mondo più di dieci anni dopo. L'odio di Salinger-Holden per i "fasulli" non solo ricorda l'avversione di Céline per i suoi compatrioti, ma anche e soprattutto l'ostilità flaubertiana per i "filistei". D'altro canto, Salinger non ha mai nascosto il suo debito nei confronti di Flaubert e della sua estetica. Come scrisse di lui William Maxwell, il geniale editor del "New Yorker": "Non è cosa da poco affermare che un romanziere *lavora* come Flaubert, ossia con infinita fatica, infinita pazienza e infinita attenzione agli aspetti tecnici di ciò che scrive, senza che niente di tutto questo trapeli nella stesura finale. Salinger lo fa. Scrittori di questo calibro, quando muoiono, vanno dritti in Paradiso, e i loro libri non vengono dimenticati".

Ma ad assimilare Salinger a Flaubert non è solo la patologica ossessione stilistica. Ad accomunarli è l'astio nei confronti della classe borghese, da cui peraltro entrambi provengono e i cui privilegi, occorre dirlo, non disdegnano, così come un sentimento di rivolta contro la stupidità, il conformismo e l'ipocrisia imperanti.

A dividerli forse è l'antidoto scelto per contrastare il veleno che li minaccia. Flaubert imbocca la strada maestra. Lo abbiamo visto, la sua denuncia è diretta. Spinto da un indomabile genio satirico, ci regala personaggi di antonomastica inettitudine. Salinger fa l'esatto contrario. Per tenere a bada il tarlo che lo affligge, crea eroi a sua immagine e somiglianza. Holden è sicuramente tra questi. Ma non è il solo, e forse non è neppure il più interessante. Per esorcizzare il senso di solitudine provato in famiglia da ragazzo, che troverà nuovi spunti nell'età adulta con le sue mogli e i suoi figli, inventa i Glass: un nucleo familiare ideale, composto da geni tanto precoci quanto bizzarri, incorruttibili e autodistruttivi. Per allontanarsi sempre più dal mondo, per porre tra sé e gli altri un muro invalicabile, Salinger si specchia in ciascun componente dell'eccentrica e anticonvenzionale famiglia Glass. Il primo di cui facciamo la conoscenza è il primogenito, Seymour. La sua comparsa sul palcoscenico della letteratura americana avviene nel capolavoro *Un giorno ideale per i pescibanana.* L'assurda, imprevedibile pistolettata con cui mette fine alla propria vita, nelle ultime righe del racconto, la dice lunga su quanto la realtà che lo circonda gli sia diventata insopportabile: l'hotel sulle spiagge della Florida stipato di piccolo-borghesi chiassosi, la moglie volgare, gli apprensivi genitori di lei che in quanto a perbenismo non sono secondi a nessuno. Seymour, che ritroveremo in racconti successivi (nessuno, a dire il vero, all'altezza dei *Pescibanana*), è il perfetto alter ego di Salinger. Anche lui ha fatto la guerra, anche lui è rientrato scornato dal fronte, anche lui fatica a riabituarsi alla vita civile, anche lui non trova il modo di conformarsi agli agi e alle ipocrisie dell'*american way of life*. Sul piano artistico, il suicidio di Seymour sembra presagire la scelta che anni dopo indurrà il suo creatore a un isolamento ostinato e patologico. Proprio come Flaubert, Salinger vive l'arte come il solo spazio di fuga a disposizione dei disadattati dotati di genio artistico.

Per capire quanto il mondo gli sia venuto in uggia basta valutare il comportamento di Franny Glass, la sorella minore di Seymour. Il racconto che le viene dedicato rappresenta uno dei vertici della narrativa americana del secondo dopoguerra. Le attenzioni che le sono riservate tradiscono la struggente tenerezza dell'autore per le ragazzine. Anche i giovani eroi di questo racconto sono alle prese con un "giorno ideale". E che giorno! Ad attenderli c'è un intero weekend gravido di promesse e opportunità. Anni Cinquanta, una mattina di autunno nel New England, una stazione di provincia affollata di universitari in trepida attesa delle loro ragazze. Tra essi c'è anche Lane Coutell, il classico bellimbusto iscritto a un'esclusiva facoltà umanistica dell'Ivy League: trench Burberry, sciarpa marrone di cachemire annodata al collo, sigaretta che gli pende dal labbro. Nervoso, intirizzito, ritto in piedi sulla banchina ferroviaria, ha in tasca la lettera piena di amore che Franny gli ha spedito qualche giorno prima. Finalmente, dopo una lunga pausa, stanno per ritrovarsi. Lane non vede l'ora di portarla da Sickler, "il posto dove uno studente e la sua ragazza ordinavano un'insalata lui e un'insalata lei, o, più precisamente, non la ordinavano né lui né lei, per via dell'aglio". Lane ha le idee chiare su ciò che gusterà: niente insalata ma un bel piatto di lumache innaffiate di Martini. Ecco perché a farlo sussultare basta poco: la vista del proverbiale soprabito di Franny, una pelliccia di orsetto rasato.

In apparenza, Franny Glass ha tutto quello che una ragazza della sua età può desiderare: è bella, elegante, di buona famiglia, colta e irresistibilmente spiritosa. Ciononondimeno, anche lei è afflitta dalle irrequietezze salingeriane. In teoria la scampagnata con Lane dovrebbe configurarsi come uno scrigno pieno di diversivi romantici. Macché! L'inquietudine che la tormenta da diversi giorni esplode a tavola, nel pranzo durante il quale Franny mostra il suo volto più scorbutico: polemica, insofferente, inappetente. A far scattare la miccia, mandandola su tutte le furie, sono le pose intellettuali del suo ragazzo. "Parli come un assistente" gli dice incapace di tenere a freno l'irritazione. "Come parlano gli assistenti?" le chiede Lane costernato.

> Be', non so come siano da queste parti, ma da noi un supplente è un tipo che fa la lezione quando il professore è via o ha l'esaurimento nervoso o è andato dal dentista eccetera. Di solito è uno del Corso di perfezionamento o roba del genere. Comunque, fai conto che si tratti di un corso di letteratura russa: lui entra in classe con la camicia coi bottoni sul colletto e la cravatta a righe e comincia a demolire Turgenev per una mezz'oretta. Poi, quando ha finito, quando ti ha *rovinato* definitivamente Turgenev, si mette a parlare di Stendhal o di qualcun altro su cui ha fatto la tesi di laurea. Da noi, all'istituto d'inglese, ci sono una decina di supplenti che vanno in giro a demolire tutto quanto, e sono tutti così brillanti che non riescono quasi ad aprir bocca, scusami la contraddizione.

Voglio dire che se soltanto ti metti a discutere con loro, non sanno far altro che mettere su quell'aria così *condiscendente*...

Benché Franny abbia qualche anno più di Holden, e rispetto a lui appaia più integrata e comunque provvista di maggiore conoscenza della vita, le insofferenze di cui si fa portatrice non sono poi tanto diverse. Anche lei odia i fasulli. E si dà il caso che nel suo piccolo mondo la fasullaggine sia incarnata dagli assistenti e dalle istituzioni accademiche che offrono loro l'opportunità di esprimersi e di mettersi in mostra. Lei, proprio come Seymour e Holden, è uno strumento nelle mani dell'autore, l'oggetto contundente di cui Salinger si serve per sfogare i suoi odii. È lui ad avere un conto in sospeso con l'istruzione accademica, a detestare gli assistenti e il loro vezzo di farsi belli a spese dei grandi scrittori. Vien da chiedersi se non sia proprio quest'odio intossicante ad averne fatto un eremita delle lettere. La saga dei Glass chiude la sua carriera di scrittore edito. Cosa abbia scritto negli anni successivi non ci è dato sapere, o almeno non ancora. Ci piace immaginare che i suoi archivi siano ricchi di gemme e che il grande romanzo della famiglia Glass abbia trovato nuove imprevedibili svolte. Una cosa è certa: l'odio che fece di lui uno dei più grandi scrittori del Novecento americano è lo stesso che lo spinse al silenzio e all'eremitaggio.

Quando l'odio non basta

Se *Holden* offrì a J.D. Salinger l'insperata opportunità di sottrarsi una volta per tutte al consesso civile, *Colazione da Tiffany* proiettò il quasi coetaneo Truman Capote nel fulgido mondo del jet set. Si stenta a credere che per qualche tempo questa strana coppia di mostri sacri, peraltro senza conoscersi, abbia vissuto a pochi isolati di distanza: e mica in un quartiere qualsiasi, ma a Park Avenue, tra i ricconi wasp dell'Upper East Side (dopo un'infanzia difficile trascorsa nel Sud degli

Stati Uniti, Capote era stato adottato dal secondo marito della madre, un cubano abbiente e amorevole da cui Truman aveva preso il cognome). Una mera coincidenza logistica che non impedì ai due enfant prodige delle lettere americane di usare il successo in modo affatto diverso, intraprendendo strade pressoché antitetiche.

A dispetto del tenore di vita dissoluto, minato com'era dall'abuso di alcol e stupefacenti, Capote si adoperò per non dissipare il proprio talento, attestandosi su livelli stilistici straordinariamente elevati. Proprio come Salinger, l'ossessione per la forma ne fece uno scrittore raro, prezioso, nient'affatto prolifico. Proprio come Salinger, l'eccesso di consapevolezza rischiò di tarpargli le ali. Proprio come Salinger, attinse al suo formidabile genio mimetico per sciorinare i mille vezzi della borghesia americana. Resta il fatto che non c'è romanzo, racconto o reportage giornalistico scritto da Capote che non mantenga gli standard imposti dall'eccellenza.

Nella prefazione a *Musica per camaleonti* – un testo necessario per chiunque desideri intraprendere una carriera artistica – Capote ripercorre per sommi capi le tappe che, nel giro di un decennio, lo portarono ai vertici della narrativa americana.

> Poi un giorno mi misi a scrivere, ignorando di essermi legato per la vita a un nobile ma spietato padrone. Quando Dio ti concede un dono, ti consegna anche una frusta; e questa frusta è predisposta unicamente per l'autoflagellazione.

Come non ripensare a quanto dice Flaubert a proposito della scrittura? La paragona a un cilicio, quindi a uno strumento che tiene insieme come può la sevizia autoinflitta e l'aspirazione a elevarsi spiritualmente. Eh sì, perché con buona pace delle sue abitudini profane, la vena letteraria di Capote fu sempre improntata a un inflessibile misticismo. "I miei impegni letterari" insiste Capote "non lasciavano margini: il noviziato innanzi all'altare della tecnica, del mestiere; le diaboliche complessità della suddivisione in paragrafi, della punteggiatura, del dialogo. Per non parlare della struttura globale, l'ampio arco impegnativo di inizio-centro-fine. C'erano tante cose da imparare, e da tante fonti: non solo dai libri ma dalla musica, dalla pittura, e dalla semplice osservazione della realtà quotidiana."

Più che il pioniere e il capostipite del New Journalism, Capote è soprattutto il santo patrono degli stilisti americani, compagno di merende di John Cheever e John Updike. L'idea di separare la forma dal contenuto è per lui una tentazione inaccettabile.

Il destino – checché se ne dica, mai generoso con gli audaci – si accanì su di lui con inusitata ferocia. C'è da dire che Capote fornì alla sua disfatta mondana un contributo essenziale. Persuaso che fosse venuto il momento di restituire pan per focaccia alla *high society* newyorchese che lo aveva accolto nel proprio regno incantato con finta generosità e pelosa condiscendenza, s'imbarcò nella stesura di un'opera superiore alle sue forze: un racconto pettegolo e maldicente scritto con l'intento di denunciare i piccoli e grandi misfatti compiuti dai ricchi sfaccendati del bel mondo. Il modello, per stessa ammissione di Capote, era quello inarrivabile offerto dalla *Recherche*. Per dare alla narrazione un po' di mistero, Capote indossò i panni di un narratore ambiguo e dissoluto, un prostituto di alto bordo che si firma P.B. Jones. Affidò a lui il compito di mettere in mutande il jet set internazionale. Tradito dall'alcolismo e dalla tossicodipendenza, o forse dall'ingenuità dei parvenu mal ripuliti, espose se stesso alla vendetta di un ambiente tanto crudele quanto sprovvisto di autoironia. Mal gliene incolse. La pagò cara. Da un giorno all'altro venne escluso dai circoli che contano, e condannato al calvario di una senescenza precoce, patetica e disperata.

La ragione per cui non posso fare a meno di parlarne in questa sede non è così difficile da comprendere. Il romanzo in questione, intitolato *Preghiere esaudite*, è una testimonianza tra le più emblematiche di come l'odio possa esporre chi vi si lascia tentare a rischi formidabili. È bene chiarire che l'aspetto mondano della faccenda è poco più di un pretesto. Il fatto che la contessa Tal dei tali o il dissoluto figlio del magnate di Pittsburgh abbiano tolto il saluto a Capote mi interessa relativamente. Così come me ne infischio degli effetti devastanti prodotti da tale ostracismo sulla psiche già abbastanza provata di Capote. La mia indagine si concentra, o almeno si sforza di farlo, sul puro dato estetico. Non possiamo sapere che ne sarebbe stato di *Preghiere esaudite* se la morte non avesse impedito a Capote di terminarlo. Le cento e passa pagine di cui disponiamo sono un documento prezioso. Non c'è proposizione che non sia impastata di fiele, né descrizione che riesca a elevarsi al di sopra del seguente ricordo: "Se ripenso a Parigi, mi sembra romantica come un *pissoir* ingorgato, allettante come un nudo strangolato che galleggia nella Senna". Il tono complessivo del libro è circoscritto nel perimetro emotivo del malumore e della recriminazione. Jones ne ha per tutti. Non solo per tycoon ed ereditiere, ma anche per i rappresentanti della cosiddetta élite intellettuale. Benché i ritratti sbozzati di Colette e dell'amico di una vita Tennessee Williams, nella loro vivida spietatezza, regalino al lettore diversi spunti interessanti, non c'è aggettivo speso che non risulti biecamente diffamatorio. Tutto questo per dire che anche il rancore va dosato con cura. Altro che *Recherche*! È chiaro che l'ironia, la grazia, l'umanità che in Proust non vengono mai meno, neppure nei passi più crudeli del suo libro inarrivabile, erano ormai del tutto inaccessibili a questo Capote maturo e irrancidito.

Tutto ciò che odiava era qui

Ci sono autori che odiano, lo abbiamo visto, e ce ne sono altri che non chiedono di meglio che farsi odiare. A ben guardare, si tratta di impulsi speculari. Assai spesso odiare senza continenza ti espone al rischio di essere odiato a tua volta. Tutto si potrà dire di Maldoror o di Ferdinand Bardamu tranne che siano personaggi amabili. Spesso l'odio spinge chi vi indulge a indisporre il lettore, o almeno un certo tipo di lettore. Immagino che scrittori come Michel Houellebecq o Walter Siti siano incapaci di scrivere un solo capoverso che in cuor loro non costituisca un atto di protesta contro i benpensanti che lo leggeranno. E immagino anche che da questa truce consapevolezza traggano entrambi un motivo di sollievo morale, se non proprio di soddisfazione artistica.

In un'intervista alla "Paris Review" del lontano 1984 Hermione Lee chiese a Philip Roth se quando scriveva aveva mai in mente il classico lettore rothiano. La risposta che Roth diede fa proprio al caso nostro: "No. Di tanto in tanto ho in mente un lettore anti-Roth. Penso: 'Come odierà tutto questo!'. Ecco, ciò può essere proprio l'incoraggiamento di cui ho bisogno".

Ora, tutto si può dire di Roth tranne che ignorasse quanto larga e variegata fosse la platea dei suoi nemici potenziali. Sin dagli esordi capì che se voleva raggiungere gli standard artistici che si era prefisso avrebbe dovuto esporre se stesso, incessantemente, deliberatamente, alla collera degli ambienti che più esecrava: quello dei fondamentalisti ebrei, delle femministe settarie, degli incalliti sionisti e dei puritani di destra. Un programma estetico cui si è attenuto con encomiabile ostinazione fino alla fine. Da *Portnoy* in avanti la sua opera si è nutrita degli umori dei suoi stessi hater. Con ciò non voglio dire che Roth possa essere ascritto alla categoria degli scrittori che odiano. I suoi libri migliori, quasi tutti giunti nella maturità, un periodo assai fecondo per i narratori, trasudano di sentimenti amabili: nostalgia, devozione filiale, effusioni romantiche. Insomma, la sua cifra non è quella di Céline o di Bernhard. Alfiere della grande tradizione realista del romanzo europeo e americano, le sue epopee sono piene di momenti virtuosi, e talvolta persino di storie edificanti (valga per tutti la toccante dignità esibita fino alla fine da Seymour Levov). Ciò detto, resiste in Roth una carica provocatoria che mira a mettere in imbarazzo il lettore, e che nei suoi romanzi migliori si fa trucemente iconoclasta. La scorrettezza politica di cui molti lo accusano non è un vezzo ma una scelta di campo precisa e inesorabile. La sete di verità che lo anima, e quindi la sua moralità, si esprime attraverso l'immoralità dei suoi eroi.

Siamo in molti ormai a ritenere che il vertice della sua arte Roth lo abbia raggiunto con *Il teatro di Sabbath*, un'opera talmente spregiudicata e titanica che alcuni (come, per esempio, Harold Bloom e J.M. Coetzee) sono arrivati a scomodare, non senza solide pezze d'appoggio, lo spettro di Shakespeare. Scritto in un momento in cui Roth era afflitto da problemi di salute e da incipienti depressioni, il libro sembra essere stato concepito al solo scopo di torturare il benpensante che è in noi. Sin dalle prime battute dobbiamo fare i conti con gli "irritanti occhietti verdi" di Mickey Sabbath, con le sue mani deturpate dall'artrite e con i discorsi che pronuncia, tiritere di indicibile insolenza. Per non dire dei gesti: non ce n'è uno che non oltraggi tutto ciò che consideriamo sacro e inviolabile. Ispirato dal genio dell'oscenità, Mickey rivela un talento sorprendente nel violare i tabù più sacri. Pervertendo giovani cameriere, corrompendo studentesse ingenue, offrendo bottiglie di birra ad alcoliste in cambio di favori sessuali, masturbandosi sulla tomba dell'amante morta e sulla foto della giovane figlia di un vecchio amico, Sabbath ce la mette tutta per disgustarci. La sua scostumatezza non ha limiti, la sua eloquenza non teme l'indicibile, la consapevolezza della sua inanità è straziante. Il lungo epitaffio che si dedica, in cui riassume per sommi capi le infinite nequizie compiute in sessant'anni di vita dissoluta, finisce con queste parole piene di sberleffo per se stesso e per la sua gente: "Sabbath non ha fatto niente per Israele".

Il teatro di Sabbath, per riprendere un vecchio adagio baudelairiano, è una danza macabra. Tutto quello che Mickey ha amato non c'è più: Morty, il fratello caduto in battaglia (il suo aereo è stato abbattuto sul Pacifico da un caccia nemico); la madre, che dalla morte del primogenito non si è più ripresa; Nikki, la prima moglie scomparsa chissà dove; Drenka, l'amante uccisa da un cancro fulminante; Linc, l'agente che si è suicidato dopo una lunga depressione. Insomma, Mickey ha più di una ragione per odiare la vita. Per questo non gli importa metterla a repentaglio, per questo flirta costantemente con l'idea di togliersela. È nella posizione privilegiata di chi non ha niente da perdere. Mi chiedo se questo non spieghi il tono complessivo del romanzo che, a dispetto delle apparenze, non risulta mai risentito. Per quanto truce e volgare possa apparirci, l'odio di Sabbath è perlopiù onesto. Nella sua sfida all'ordine costituito c'è qualcosa di irresistibilmente clownesco. Sabbath non si erge sugli altri, non li giudica, il disprezzo che nutre per il prossimo non è meno severo di quello che rivolge a se stesso.

Che sia questo a spingere la sua provocazione oltre le soglie dell'intollerabile? Arriva persino a sfidare una volante della polizia. È così che vuole mettere fine ai suoi giorni: con una pistolettata di un poliziotto. Macché, niente da fare.

> Ma la volante era ripartita, lasciando Sabbath immerso fino alle caviglie in quella poltiglia di fango primaverile, asserragliato da quei boschi di terra, estranei, dagli alberi piovosi, dai massi sgocciolanti, e più nessuno che potesse ucciderlo, tranne lui stesso.
>
> E lui non poteva. Non riusciva a morire. Come fare a rinunciare? Ad andarsene? Tutto ciò che odiava era qui.

RESPONSABILITÀ

Urgenza di comunicare

Di gente che pensa che il mondo sia un posto sostanzialmente imperfetto ce n'è parecchia. Assai più modesto è il numero di individui disposti a farsene carico provando a raddrizzarlo. Idealisti, così li chiamiamo. Animati da convinzioni forti e da un desiderio di verità e giustizia, si adoperano per imporre la propria visione delle cose. Refrattari a ogni forma di cinismo, coltivano la convinzione illuminista che i problemi abbiano sempre una soluzione, e che tocchi a loro trovarla. Non sottovalutano certo l'impresa. Sono i primi a sapere che per cambiare lo status quo occorre tanta buona volontà, e che per ottenere i risultati sperati bisogna agire prontamente, con fermezza e ostinazione. Ciò li induce a esecrare gli indecisi, gli stoici e i disincantati. Il dubbio è un lusso, e loro non possono permetterselo.

Nel mondo della letteratura è raro che tali convinzioni diano vita a qualcosa di più concreto di un libro, un articolo, una conferenza o una presa di posizione pubblica. Non mancano gli esempi di dedizione che hanno comportato sacrifici personali ben più onerosi. Si pensi agli scrittori che hanno perso la vita lottando contro sistemi autoritari. Ma persino loro non avevano altro da donare alla causa se non la vita, un'arma che contro un regime si rivela quasi sempre spuntata e inefficace.

Parliamoci chiaro, in confronto a quella dello statista o del condottiero, la capacità di uno scrittore di incidere sul mondo appare incommensurabilmente più modesta. Le armate a sua disposizione sono il ragionamento, il cosiddetto spirito critico e nei casi più probi l'esempio. Eppure lo scrittore-responsabile – lo chiameremo così, almeno per il momento – non può fare a meno di sentirsi implicato.

A distinguerlo dagli altri scrittori è un'irriducibile necessità di comunicare, un bisogno fomentato da un altrettanto feroce impulso pedagogico. Tormentato dal proprio privilegio, sente il dovere di mettere le conoscenze che ha e il lavoro che svolge al servizio del prossimo. Non solo è convinto che la letteratura possa cambiare il mondo, ma ritiene che se non tenta di farlo non è letteratura. Depositario di una verità universale da cui deve sgravarsi al più presto, coltiva un'idea dell'arte del tutto strumentale. Nei momenti di maggiore esaltazione arriva a credere che il proprio contributo è necessario, e che la sua opera, agli occhi della comunità di lettori, avrà nerbo e valore solo se saprà incidere sui costumi e sulla società come una battaglia per i diritti civili.

Quella che di primo acchito può sembrare una forza cela in realtà una profonda debolezza. Per non cedere allo sconforto lo scrittore-responsabile deve scendere a patti con la propria impotenza. Da qui, forse, gli accessi di collera cui spesso si lascia andare.

Naturalmente anche in questo caso le posizioni sono oltremodo variegate. Se non per il desiderio di imporre il proprio credo, sono pochi i punti di contatto tra il vate e il mandarino, tra il rivoluzionario e il conservatore, tra l'artista impegnato e l'iconoclasta.

L'errore più sciocco che si possa commettere a questo punto è identificare il culto della responsabilità letteraria con uno specifico periodo storico: la turbolenta stagione a cavallo tra gli anni Quaranta e gli anni Settanta del secolo scorso dominata in lungo e in largo dal magistero di Jean-Paul Sartre e della sua cricca. Non è così. Il richiamo alla responsabilità è molto più antico. Ne troviamo traccia nel Rinascimento italiano, nell'Inghilterra elisabettiana e certamente nella grande rivoluzione illuminista francese.

Assai interessante appare il caso Thomas Mann, proprio perché esso è così contraddittorio e in continua evoluzione. La sua, come stiamo per vedere, è una posizione che per certi versi può apparirci anacronistica, di retroguardia, ma che di fatto continua a godere di un diffuso consenso, soprattutto in certi cenacoli progressisti. Il che appare tanto più strano considerando le accuse che gravano ancora su Mann di essere un irredimibile conservatore.

In Europa infuria la Grande Guerra quando Mann, appena quarantenne, si interroga sulla relazione inestricabile tra letteratura e civilizzazione. Poco importa che all'inizio valuti questa corrispondenza con perplessità, quasi volesse prenderne le distanze. Come si sa, il bersaglio polemico delle *Considerazioni di un impolitico,* questo perspicace saggio fluviale, è il fratello maggiore Heinrich, accusato di fare intelligenza con il nemico, di essersi appropriato del razionalismo francese ripudiando il genio tedesco. Mann in effetti identifica nella Rivoluzione francese lo zenit di quello che lui definisce l'"Occidente romanizzato", per molti versi antitetico alla sua illetterata e barbarica Germania. A Mann non interessa la fase giacobina degli omicidi politici, ma la rivoluzione degli esordi, quella dei principi universalistici, della virtuosa rivolta contro la tirannia monarchica e l'oscurantismo clericale.

> Maestri di questo spirito sono i letterati e gli avvocati, portaparola del "terzo stato" e della sua emancipazione, araldi dell'illuminismo, della ragione, del progresso, della "filosofia", contro i signori, contro l'autorità, la tradizione, la storia, il "potere", la monarchia e la chiesa, gli araldi, insomma, dello *spirito,* che essi considerano lo spirito incondizionato,

unico nella sua splendente verità, lo Spirito in sé, mentre lo spirito che essi intendono e conoscono è solo quello della rivoluzione borghese.

Mann identifica l'alfiere di questo spirito progressista e democratico nel borghese eloquente, l'avvocato letterato, "patrocinatore del terzo stato, dei suoi interessi spirituali nonché (...) di quelli materiali". Mi guardo bene, evidentemente, dal ridurre il complesso discorso di Mann a questa breve divagazione sull'intellettuale borghese. Il passo che ho appena citato è estrapolato da un discorso più ampio che gli serve a delimitare i confini incerti dello "spirito tedesco" ("Il concetto di tedesco" scrive "è un abisso senza fondo"): un argomento che gli sta decisamente più a cuore. Se ne parlo qui è solo perché in un certo senso, sebbene in questo periodo della sua vita non ne sia ancora consapevole, Mann si sta preparando a incarnare quel tipo di artista "implicato" da cui nelle *Considerazioni* sembrava voler prendere le distanze. Valutando la sua opera, l'inesausta attività di pubblicista e le conferenze tenute dal primo dopoguerra in poi, non c'è dubbio che anche Mann si sia fatto carico della missione di scrittore-responsabile. Solo che, diversamente da altri intellettuali coevi, non si azzarda a prendere il discorso di petto. È troppo ironico per osare spiegarci, come tra breve farà Sartre, a cosa serva la letteratura. Ma è evidente che si colloca dalle parti di coloro che credono nel valore universale dell'arte. Sempre più, invecchiando, si appropria dell'idea secondo cui il filosofo, l'erudito e l'artista devono interpretare un preciso ruolo sociale. A questa classe di individui non spetta certo il compito di indicare la via giusta. I romanzieri non sono, né Mann li ritiene, dei meri propagandisti di idee preconfezionate. Piuttosto dovrebbero essere i detentori dello spirito del tempo, con tutte le contraddizioni che tale condizione comporta.

Qualche anno dopo la pubblicazione delle *Considerazioni*,

in una conferenza molto famosa, Mann identifica in Goethe e in Tolstoj i due modelli ineguagliabili di scrittore-responsabile. In essi vede dei vati del loro tempo che per esprimersi al meglio delle forze hanno dovuto affondare le mani nei misteri dell'autobiografia. Essi incarnano gli spiriti dei loro popoli. Chiaro che, con la dovuta discrezione, Mann si senta pronto a raccogliere il trono lasciato vacante da questi solitari titani.

In una conferenza più tarda, intitolata *L'artista e la società*, Mann dà conto dell'ambiguità in cui si dibatte l'artista consapevole. Se da un lato il suddetto artista non tradisce mai la propria natura di monello, fromboliere e clown, dall'altro prende atto che tocca a lui portare sulle spalle il peso della sua funzione sociale, di più: morale. Mann conclude che l'arte è "alleata del bene, e nel suo fondo vi è la bontà, poiché essa è creata per dare alla vita la vita dello spirito".

Il populismo estetico di Tolstoj

A proposito di Tolstoj, viste dalla prospettiva di qualsiasi altro scrittore di minor talento (quindi quasi tutti), le sue posizioni, e le scelte che ne scaturiscono, appaiono oltremodo bizzarre, e in qualche caso persino irritanti. Il disprezzo che da un certo momento della vita mostra per il suo sovrumano dono di creatore è qualcosa che chi (indegnamente) fa il suo stesso mestiere stenta a comprendere e ad accettare. I sentimenti dello scrittore comune nei confronti del genio riottoso di Tolstoj non sono molto diversi da quelli dell'indigente che strabuzza gli occhi di fronte alla scelta del milionario di liberarsi dei suoi averi per vivere una vita più austera. Neanche a dire che nutrisse qualche dubbio su se stesso. Privo di ipocrisia qual era, Tolstoj aveva piena cognizione del suo genio e del posto eminente da lui occupato nella storia della letteratura universale. Non aveva nessuna difficoltà a collocare se stesso accanto a Omero e a dichiararsi superiore, sia artisticamente sia moralmente, a Shakespeare. Ad angustiarlo erano le ragioni stesse dell'arte. Con il passare degli anni e l'irrigidirsi delle sue concezioni, non solo iniziò ad avvertirne la sostanziale inutilità ma anche i potenziali pericoli.

La storia è proverbiale. Siamo a metà degli anni Settanta dell'Ottocento. Tolstoj è alle prese con il suo capolavoro più ispirato: *Anna Karenina*. Sta lavorando all'ultima parte del romanzo quando viene assalito da una crisi morale così straziante da mettere in discussione il nucleo della sua vocazione. Attenderà di portarlo a termine e di pubblicarlo per decidere di sacrificare la carriera artistica sull'altare di un impegno umanitario venato di pauperismo evangelico. D'un tratto avverte che la fiction pura, per cui ha un dono impareggiabile, non gli basta più. Dedicare la propria vita a scrivere storie inventate al solo scopo di intrattenere un pubblico di suoi pari è un atto sconsiderato che lambisce l'immoralità. "Ora basta!" si dice il conte pieno di irritazione per se stesso. "È tempo di metterci una pietra sopra." Grazie al cielo, non riuscirà a tenere fede fino in fondo ai suoi propositi. Continuerà a comporre capolavori di inestimabile valore come *La morte di Ivan Il'ič* e *La sonata a Kreutzer*. Persino il suo romanzo più ideologico e meno riuscito, quel *Resurrezione* che gli avrebbe dato parecchi grattacapi, al netto dei suoi intenti pedagogici soffusi di puritanesimo cristiano, contiene scene e personaggi di straordinaria potenza artistica. A interessarmi però è l'impegno teorico che caratterizza questa seconda stagione della vita artistica di Tolstoj, un impegno che si traduce nel celebre *Che cos'è l'arte?*, la cui stesura coprì quindici anni. Possiamo dire che a distanza di un secolo e passa dalla sua pubblicazione quel testo continui a rappresentare una pietra miliare della speculazione estetica tardo-ottocentesca, e non solo. L'importanza di queste pagine non deriva, infatti, solo dal prestigio di chi le ha compilate ma anche dal fatto che esse sono in aspra polemica con i tempi in cui vennero alla luce. L'avversione tolstoiana per la deriva presa dalla letteratura della sua epoca è irriducibile. Nulla gli è più indigesto della cosiddetta retorica fin de siècle, che a suo dire infesta soprattutto le lettere francesi. Si noti, a questo proposito, come le posizioni del vecchio Tolstoj sembrano preludere a quelle del giovane Mann. L'oggetto polemico è il medesimo: la Francia, il paese che più di qualsiasi altro fonda la propria identità sulla letteratura, tributando agli scrittori ogni sorta di onore. E che in quello scorcio di secolo avrebbe dato vita al mito dell'*art pour l'art*, un approccio estetico che trova piena maturazione in scrittori del calibro di Flaubert, Baudelaire e Mallarmé.

Leggere questo pamphlet produce nel devoto tolstoiano sentimenti ambivalenti. Se le rozze e capziose argomentazioni che contiene sono motivo di costernazione, la grazia con cui vengono espresse rende tutto irresistibilmente gustoso. In un certo senso, l'incedere somiglia molto a quello esibito una trentina d'anni prima nel primo epilogo di *Guerra e pace*. La stessa nettezza, la medesima calda affabilità del polemista di razza. Tolstoj parla al lettore con la franchezza con cui il maestro elementare ammalia una scolaresca di bimbi. Lui è lì che assembla frasi su frasi, e a te non resta che pendere dalle sue labbra. Non è questa la sede per affrontare tutti gli argomenti spiattellati in questa requisitoria contro la deriva estetizzante presa dall'arte moderna. Il mio intento è di affrontare l'intera faccenda a volo di rondine, e di scegliere le parti che possono nutrire il mio discorso. Tralascio volentieri l'invettiva contro la pornografia degli scrittori francesi del suo tempo. Così come gli inviti rivolti ai suoi colleghi ad abbandonare una volta per tutte le frustrazioni romantiche ed erotiche delle classi egemoni, per volgere l'attenzione alle tribolazioni del popolo, alla diuturna lotta per sopravvivere e sbarcare il lunario. Particolarmente irritanti mi sembrano i giudizi detrattivi che Tolstoj rivolge a Baudelaire, ossia al massimo poeta francese del diciannovesimo secolo, cui preferisce autori decisamente meno grandi e assai più educati come Lamartine e Musset. Ma è proprio da qui che vorrei partire, se non altro perché questi giudizi racchiudono il succo dell'intera argomentazione tolstoiana, che in modo forse improprio potremmo considerare una sorta di populismo estetico:

> La visione del mondo di Baudelaire consiste nell'innalzare a teoria un grossolano egoismo, e nel sostituire alla morale il concetto di bellezza assolutamente artificiosa e indistinta come un'ombra. Baudelaire preferiva un volto femminile truccato a uno naturale, e gli alberi di metallo a quelli veri, e l'acqua minerale a quella naturale.

Considerando i giudizi non meno severi riservati ai grandi artisti della sua epoca – da Mallarmé a Huysmans, da Wagner a Berlioz, da Manet a Pissarro –, appare chiaro che le sue idee esprimono in modo pedissequo la sordità di tanti altri demagoghi nei confronti dell'arte contemporanea. Intendiamoci, la furia iconoclasta non risparmia contumelie neanche ai grandi del passato: Shakespeare, Puškin, persino l'ultimo Beethoven. A sdegnarlo è l'estenuazione cui le composizioni di costoro indulgono, il loro sostanziale ermetismo, la gratuita raffinatezza rea di ispirare nel pubblico fantasie bizzarre e immorali, e noia e perplessità in chi non è in grado di comprenderle. Ciò rende Tolstoj senza ombra di dubbio il santo patrono degli scrittori-responsabili, coloro che attribuiscono alla letteratura un valore pedagogico. Se davvero pensi di aver qualcosa da insegnare devi imparare a farlo con parole semplici, lottando per non essere ambiguo, o peggio ancora, oscuro. Un proposito virtuoso che induce Tolstoj a interrogarsi sul senso più profondo della vocazione artistica. Perché si scrive? Come è più giusto farlo? Per raggiungere quali obiettivi? Dopo aver demolito tutte le teorie estetiche di cui è a giorno – da Winckelmann a Kant –, Tolstoj passa al contrattacco. L'idea molto puskiniana secondo cui il fine ultimo dell'opera d'arte è il piacere – di chi la realizza e di chi ne fruisce – lo indigna. Così come il pregiudizio di chi ammira solo opere e artisti di difficile fruizione.

Sorvolando sul fatto che personalmente stento a immaginare un artista che più di Tolstoj sia capace di dare piacere al lettore, e un romanziere dalla tecnica più complessa, resta il fatto che, sulla faccenda, ha il sacrosanto diritto di pensarla come vuole. Ed è chiaro che la pensa in un modo che insulta le mie più profonde convinzioni, e che anche per questo non stento a definire inaccettabile. Tolstoj deplora chiunque scriva per "passatempo", per passione, chiunque persegua obiettivi meramente edonistici. Per lui il fine ultimo della letteratura non è il piacere, ma il bene. E non un bene qualsiasi, non un bene opinabile, ma quello sancito dalle Sacre Scritture, e quindi da un credo religioso inalterabile. Ritiene che l'arte debba mettere in comunicazione l'uomo con Dio. E che il compito dell'artista sia quello di intermediario. Proprio lui che diffida del clero, crede nella funzione dell'artista come tramite tra Dio e il popolo.

Occorre precisare, per amor di verità, che sebbene le opere migliori di Tolstoj – i racconti giovanili, l'autobiografia, *Guerra e pace* e *Anna Karenina* – non perseguano in modo diretto questo alto ideale religioso, testimoniano tuttavia una tensione morale che mette la religione al centro della scena. Nei momenti più felici i suoi capolavori esprimono in forma altissima questa accorata aspirazione alla trascendenza. Da Pierre a Levin, passando per Andrej e la sorella Mar'ja, non c'è eroe tolstoiano che non porti su di sé il peso di un conflitto etico. In questo senso, almeno in questo, niente di ciò che scrive nel suo pamphlet può essere considerato un'abiura dell'opera precedente.

Ciò che invece non convince, venendo al nostro discorso, è la riflessione sui moventi che spingono alla scrittura: "Per definire con esattezza l'arte" scrive nel famoso capitolo cinque, "occorre anzitutto smettere di considerarla come un mezzo di godimento, e ravvisarla invece come una delle condizioni della vita umana. Sotto questo profilo, ci sarà impossibile non vedere che l'arte è uno dei mezzi attraverso i quali si attuano le relazioni tra gli uomini". Come si vede, la formulazione è così generica da farci sobbalzare sulla sedia. Altrettanto si può dire della seguente: "L'attività dell'arte si fonda sull'idoneità dell'uomo a provare le medesime sensazioni di un altro uomo che le ha espresse in modo da consentirgli di percepirle con la vista o con l'udito". Insomma, l'arte è tutta questione di comunicazione empatica tra artista e fruitore. Per illustrare questo processo virtuoso Tolstoj ci offre un esempio dei suoi: immagina un tizio che si è messo in testa di scrivere la scena di un ragazzo che si imbatte in un lupo. Solo lo scrittore in grado di ricreare lo spavento suscitato da un simile incidente – o perché l'ha provato o perché ha saputo immaginarlo – potrà raggiungere risultati artistici accettabili.

> L'arte non è, come dicono i metafisici, la manifestazione di qualche misteriosa idea, della bellezza o di Dio; non è, come dicono i fisiologi, un giuoco in cui l'uomo sfoga le superflue energie accumulate; non è la manifestazione di un'emozione per mezzo di segni esteriori; non è la produzione di opere gradevoli; e, ciò che più importa, non è godimento; ma è un mezzo di comunicazione che riunisce gli uomini accumunandone le sensazioni, ed è necessario alla vita e al progresso verso il bene del singolo uomo e dell'umanità.

È evidente che Tolstoj ha smesso di parlarci di sé, della sua esperienza di artista, indossando i panni dell'ideologo e del predicatore. Del resto, si guarda bene dall'entrare nel merito dei moventi che ogni tanto lo spingono ad afferrare la penna e a intingerla nel calamaio. Si sofferma su ciò che dovrebbe essere, non su ciò che è. Per avere idea della passione che lo anima, assai più preziosi risultano i diari. Essi mostrano come l'ispirazione, il vitalismo, la mostruosa esuberanza creativa che lo tormentano poco abbiano a che fare con le argomentazioni teoriche. Mi sia consentito citarne uno stralcio, più o meno coevo di *Che cos'è l'arte?*:

> Ho pensato oggi ancora, del tutto inaspettatamente, all'incanto (proprio all'incanto) di un amore nascente, quando sullo sfondo di rapporti allegri e affettuosi, piacevoli, comincia a brillare questa stellina. È come quando senti all'improvviso il profumo del tiglio oppure vedi l'ombra che si forma dalla luna appena sorta. Non c'è ancora luce completa, ombra e luce nette, ma c'è la gioia e la paura dell'incanto. È bello ma solo quando è la prima e l'ultima volta.

Non c'è parola del suo risentito pamphlet che possa rivaleggiare per incanto e verità con la magia che trasuda da queste poche righe. Per avere un'idea di ciò che spinge Tolstoj a scrivere è qui che dobbiamo guardare. Ad accendere la sua vena, la sua irresistibile voglia di scrivere basta poco: la gioia, il godimento, la commozione ispirati da un sogno d'amore nascente. Al commosso lettore tolstoiano viene subito in mente il primo incontro tra Nataša e Andrej, ma anche il momento esatto in cui dopo un anno di assenza Levin ritrova la sua Kitty:

> Seppe che era lei per la felicità e la paura che gli strinsero il cuore. Chiacchierava con una signora, in piedi, all'altro capo della pista di pattinaggio. Non c'era nulla di particolare in lei, né nei suoi abiti, né nel portamento, ma Levin la riconobbe tra la folla con la stessa facilità con la quale avrebbe riconosciuto una rosa tra le ortiche. Illuminava ogni cosa. Il suo sorriso dava luce a tutto quanto: "Riuscirò ad affrontare il ghiaccio per avvicinarmi?" pensò. Guardava al luogo dove lei si trovava come a un santuario inespugnabile, e per un attimo pensò di andarsene, tanta era la paura che si

scopriva a provare. Dovette farsi forza per convincersi che Kitty aveva intorno ogni sorta di persone e che anche lui poteva essere capitato lì solo per pattinare. Scese in pista, ma evitò di guardarla troppo a lungo, come troppo a lungo si evita di guardare il sole. Come con il sole, però, sapeva che c'era anche senza guardarla.

Il vecchio Tolstoj ha un bel lottare contro la sua stessa natura. Ha un bel mettere in campo tutte le sue virtuose teorie sull'arte. Di fatto non c'è argomentazione che possa cancellare il suo sovrumano talento nel dare piacere al lettore. Può detestare Shakespeare, può avversare Puškin, può esecrare Baudelaire, ma non può odiare se stesso, né ripudiarsi. Lui è nato per raccontare storie, per dare vita a personaggi complessi e sfaccettati, per cantare le delizie dell'amore romantico, l'incanto della danza, il tedio della vita coniugale e gli orrori della guerra. A dispetto delle sue idee sull'arte, resta il fatto che la sua vena è naturale e squisita, tanto quanto le sue ambizioni sono epiche.

Scrivere per impegnarsi

D'altro canto Tolstoj non è il solo ad aver cercato con ogni mezzo di emanciparsi dalla vertigine del godimento estetico, mettendo le proprie forze intellettuali al servizio di una causa superiore.

Un esempio altrettanto emblematico ci viene offerto mezzo secolo dopo da Jean-Paul Sartre, il cui itinerario artistico è caratterizzato da una non meno traumatica cesura. Anche per lui, come per Tolstoj, ci sono un prima e un dopo. Se gli anni giovanili sono caratterizzati dall'alternanza tra divagazioni filosofiche e opere narrative di indubbio valore estetico, dal secondo dopoguerra la sua vocazione sembra rattrappirsi in una visione talmente radicale da spingerlo a rifiutare qualsiasi forma d'arte che non sia utile al progresso dell'umanità. Se Tolstoj è dedito a Dio e al popolo, Sartre si consacra totalmente alla causa comunista e alle ragioni del proletariato. Ad affliggere entrambi è il destino dell'individuo stritolato dai meccanismi perversi dell'affluente società capitalista. Geni incomparabili, celebrati in vita come dèi, sembrano condividere lo stesso nemico: la cosiddetta *art pour l'art*. Da prospettive affatto diverse, si scagliano contro l'individualismo romantico. Anche se da sinistra, spinto da moventi integralmente atei, Sartre condivide con Tolstoj l'ostilità per Flaubert, Baudelaire e Mallarmé, alfieri di quella forma di aristocrazia letteraria ideata dai borghesi per elevarsi al di sopra della turba. Non è mica un caso che nel corso degli anni senta l'esigenza di affrontare di petto questa troika ottocentesca. I suoi saggi su Flaubert, Baudelaire e Mallarmé – pietre miliari della critica novecentesca – mostrano come meglio non potrebbero i rovelli in cui Sartre si dibatte. Non potendo disconoscere loro lo statuto di grandi creatori, ne esecra l'irresponsabilità politica, l'attitudine antirivoluzionaria, la deriva conservatrice. Non è questa la sede per affrontare quei libri pieni di cose belle e sbagliate. Più proficuo è soffermarsi sui testi teorici scritti da Sartre dal '46 in poi, manifesti che, sfrondati dal delirio ideologico, sembrano ricalcare, sebbene in forma diversa, le argomentazioni tolstoiane. Ciò che accomuna *Che cos'è l'arte?* a *Che cos'è la letteratura?* è una smania normativa. Sono opere polemiche, settarie, intimidatorie, gonfie di moralismo. Esibiscono inoltre il tono provocatorio dell'abiura. A ispirarle è un comune disagio: pare quasi che sia Tolstoj che Sartre considerino l'arte una cosa troppo seria per essere lasciata nelle mani degli artisti. Un'arma troppo potente per non essere utilizzata in modo più assennato e produttivo.

Sartre invita tutti (a cominciare da se stesso) a rimboccarsi le maniche: è ora di cambiare una volta per tutte il paradigma. Per farlo occorre ripensare da capo il ruolo del letterato nella società.

Nella *Presentazione di "Temps Modernes"*, il manifesto in cui espone i propositi che si prefigge la rivista da lui appena fondata (che tanta importanza avrà nel dibattito intellettuale dell'epoca, non solo in Francia), Sartre conclude la propria dichiarazione di intenti con parole dal sapore ambiguo e aspro:

> Facciamo appello a tutte le buone volontà; tutti i manoscritti saranno accettati, da qualsiasi parte provengano, purché si ispirino a preoccupazioni legate alle nostre e presentino, inoltre, un valore letterario. Ricordo, infatti, che nella "letteratura impegnata" l'impegno non deve in alcun caso far dimenticare la letteratura, e che la nostra preoccupazione deve essere tanto quella di servire la letteratura infondendole un sangue nuovo, quanto quello di servire la collettività cercando di dare la letteratura che le si addice.

Quindi, secondo Sartre, lo sprone che dovrebbe spingere ciascuno di noi a scrivere è servire il popolo. Ciò rende lo scrittore di origine borghese sedotto dall'irresponsabilità il bersaglio polemico privilegiato. Da generale della sua bellicosa armata, considera questo tipo di artista un vero e proprio disertore.

> La verità è che, incerto circa la propria posizione sociale, troppo timorato per ergersi contro la borghesia che lo paga, troppo lucido per accettarla senza riserve, egli ha scelto di giudicare il proprio secolo e si è convinto in tal modo di restarne fuori, come lo sperimentatore è esterno al sistema sperimentale. Così il disinteressamento della scienza pura raggiunge la gratuità dell'Arte per l'Arte. Non a caso Flaubert è, a un tempo, stilista puro, puro amante della forma e padre del naturalismo; non a caso i Goncourt si vantano a un tempo di saper osservare e di possedere la scrittura artistica.

Per Sartre non si è scrittori degni di questo nome se non ci si esprime su qualsiasi controversia in modo netto. Niente gli sta più a cuore della "funzione sociale" (così la chiama) dell'intellettuale. Ciò lo induce, con un fervore iconoclasta persino superiore a quello di Tolstoj, a sbarazzarsi in un sol colpo di una fetta considerevole di letteratura canonica. Da buon capofila di un'avanguardia rivoluzionaria, non si fa scrupoli a scagliarsi contro quasi tutti i grandi scrittori che lo hanno preceduto. Ne ha per chiunque. Rifiuta lo scetticismo peloso di Montaigne, l'umanesimo di Rousseau, l'estetismo di Flaubert, i deliri di Nerval e di Baudelaire, il soggettivismo di Proust. "Uno dei principali motivi della creazione artistica" scrive "è certamente il bisogno di sentirci essenziali nei confronti del mondo." Non si scrive per sé, quindi, ma per gli altri, per essere utili al prossimo. In cosa consiste tale utilità? Sartre lo dice esplicitamente: superare una volta per sempre il modello borghese e capitalista favorendo l'avvento di una società senza classi. È tempo che gli scrittori prendano atto che non c'è alcuna differenza tra il loro *soggetto* e il loro *pubblico*. "Perché il soggetto della letteratura è sempre stato l'uomo nel mondo. Ma finché il pubblico virtuale rimane come un mare oscuro attorno alla piccola isola luminosa del pubblico reale, lo scrittore rischia di confondere gli interessi e le preoccupazioni dell'uomo con quelli di un piccolo gruppo di privilegiati."

Per quanto obsoleta e un po' ridicola possa apparirci oggi, la retorica sartriana non va presa sottogamba, né liquidata con una stizzita alzata di spalle. Anzi, credo che meriti di essere affrontata con calma e cautela. Quando si parla di impegno in letteratura si tende infatti ad assumere posizioni nette. C'è chi lo esecra e chi lo difende a spada tratta. Personalmente, ritengo che la questione vada maneggiata con maggiore delicatezza. Benché, come si sarà capito, abbia un debole per gli scrittori ritrosi e impolitici, non mi arrogo il diritto di negare a chi ne senta l'esigenza di mettere la propria carriera artistica al servizio della collettività.

Certo, talvolta Sartre abusa della nostra pazienza. Come quando, del tutto proditoriamente, accusa Flaubert e i Goncourt di essere responsabili delle sanguinose repressioni inflitte ai rivoltosi durante la Comune di Parigi. "Non era affar loro, si dirà" tuona sarcastico. "Ma il processo di Calas era affare di Voltaire? La condanna di Dreyfus era affare di Zola? L'amministrazione del Congo era affare di Gide? Ciascuno di questi autori, in una circostanza particolare della vita, ha misurato la propria responsabilità di scrittore."

Normale che Sartre chiami in causa Zola e il famoso Affaire Dreyfus che lo vide protagonista. Da sempre si tratta dell'asso nella manica di ogni indefesso alfiere dell'impegno. A ben guardare, però, è un'arma a doppio taglio. Il caso Zola presenta, se lo si valuta senza pregiudizi, caratteristiche molto peculiari, e per molti versi irripetibili. Per avverse circostanze biografiche, Zola ha sviluppato una precoce ossessione per i derelitti della società, una categoria in cui evidentemente gli veniva facile identificarsi. Poiché nessuno meglio di lui era in grado di comprendere il dramma di un uomo messo alla sbarra per bieche ragioni razziali (le origini italiane del suo cognome gli furono sempre rinfacciate dagli sciovinisti e dagli snob), la sua discesa in campo durante l'Affaire Dreyfus va intesa come parte integrante della sua opera di scrittore. Del resto, è utile ricordare che l'adesione alla causa dreyfusarda fu relativamente tardiva, e funestata da una serie di dubbi legittimi. Non era stupido, né ingenuo. Sapeva a cosa andava incontro. Stava per mettere a repentaglio non solo la reputazione e la carriera di scrittore ma, cosa assai peggiore, la propria incolumità. Denunciare a mezzo stampa le potentissime forze armate francesi durante la Terza Repubblica non era mica uno scherzo. Sebbene, con il proverbiale senno del poi, il *J'accuse* ci appaia come l'ultimo capolavoro di Zola, moralmente e stilisticamente degno dei grandi romanzi degli anni Settanta, non possiamo ignorare che la maggior parte dei suoi contemporanei la pensasse altrimenti. Per almeno metà dei francesi il suo atto era spregevole e criminoso. Per quanto fosse pronto al peggio, Zola fu il primo a rimanere sgomento di fronte al ciclone che si abbatté su di lui. Dalla mattina alla sera, mentre il suo pezzo su "L'Aurore" veniva letto e commentato da milioni di francesi, il paese si riempiva di pazzi pronti a fargli la pelle. Non furono pochi gli amici di una vita – scrittori, artisti, filosofi – che gli volsero le spalle per sempre. Come se non bastasse, giunse anche la querela per diffamazione del generale Jean-Baptiste Billot, che costò a Zola una via crucis giudiziaria degna di un romanzo di Dickens. Questo pandemonio ebbe effetti così devastanti da influire negativamente anche sulle vendite dei suoi libri. Inoltre la tempesta da lui provocata inferse una tale ferita nel cuore della società francese che ancora oggi c'è chi dà credito al mito secondo cui a ucciderlo, qualche anno dopo, sia stata la mano di un cospiratore al soldo delle forze armate.

Insomma se è questo l'impegno auspicato da Sartre, nulla da eccepire. Ma la verità è che il contributo che Sartre pretende dagli scrittori va ben oltre la coraggiosa discesa in campo di Zola. Posticcia e campata in aria, d'altronde, mi sembra la sua pretesa di contrapporre Zola a Flaubert. Troppo facile sarebbe, a questo punto, ricordare a Sartre la devota ammirazione e l'incommensurabile debito artistico che Zola sentiva nei confronti del collega più anziano. L'errore di Sartre consiste nel porre sullo stesso piano le intime convinzioni politiche di Flaubert (assai vaghe) e la sua opera. Una confusione alla quale indulge spesso e volentieri (non mi interessa l'opera, non fa che ripeterci, bensì l'uomo che vi si nasconde dietro). Peccato che per valutare Flaubert non esista altra strada che compulsare i pochi libri che è riuscito a scrivere. Come abbiamo già visto, ai romanzi ha affidato tutta la sua indignazione. Se la missione dell'artista borghese – seguendo il ragionamento di Sartre (che talvolta arrivo persino a condividere) – è dare conto delle ipocrisie e delle contraddizioni della propria classe sociale, possiamo dire che nessuno ha saputo assolvere a tale onere con altrettanta inflessibilità di Flaubert. Certo, lo ha fatto nel solo modo che gli era congeniale, allestendo impeccabili congegni narrativi, ma ciò non toglie che lo abbia fatto; eccome. Anche se Sartre finge di non accorgersene, non c'è frase uscita dalla penna di Flaubert, per preziosa che sia, che non suoni come un *J'accuse*.

Si fa presto a imputargli di non aver preso partito durante la Comune di Parigi. Resta il fatto che dobbiamo a Flaubert la descrizione più vivida, la testimonianza più attendibile e artisticamente più riuscita dei moti del '48. Niente come il seguente passo dell'*Educazione sentimentale* è in grado di mostrare l'atmosfera che si respirava in quei giorni; la disperazione dei proletari e l'ipocrisia dei borghesi:

> La miseria abbandonava a sé stessi un numero incalcolabile di operai; e venivano lì, tutte le sere, forse a passarsi in rassegna, e ad aspettare un segnale. Nonostante la legge contro gli assembramenti, quei "club della disperazione" crescevano in maniera spaventosa; e per sfida, per moda, ci andavano quotidianamente molti borghesi.

Non sono così ingenuo, né così capzioso da ignorare che non fosse questo il tipo di impegno civile auspicato da Sartre. Certe volte, nel leggere le sue tonitruanti intemerate, vien da pensare che per lui l'impegno si esaurisse in un'adesione cieca alla sua ideologia settaria.

Il passo dell'*Educazione sentimentale* che ho appena trascritto, soffuso com'è di ironia e disincanto, è una delle tante prove che Sartre avrebbe potuto addurre per dimostrare che Flaubert era un disertore della causa rivoluzionaria e un disfattista. Cionondimeno, le pagine sui moti del '48 dell'*Educazione* sono un capolavoro della narrativa ottocentesca, per certi versi assimilabili a quelle che Stendhal dedicò alla rotta di Waterloo e

Tolstoj alla battaglia di Borodino. E vien da chiedersi se non sia questo il solo impegno praticabile da un romanziere in buona fede. Per dirla con Milan Kundera:

> Sospendere il giudizio morale non costituisce l'immoralità del romanzo bensì la sua morale. Una morale che si contrappone alla inveterata pratica umana che consiste nel giudicare subito e di continuo tutto e tutti, nel giudicare prima di e senza aver capito. Dal punto di vista della sapienza del romanzo, questa fervida disponibilità a giudicare è la più esecrabile sciocchezza, il peggiore di tutti i mali. Non che il romanziere contesti in assoluto la legittimità del giudizio morale, ma egli si limita a spostarlo oltre i confini del romanzo. Detto questo, siete liberi di condannare Panurge per la sua viltà, di mettere sotto accusa Emma Bovary e Rastignac, sono affari vostri; il romanziere non c'entra.

Mi sia consentito aggiungere a questa lista di eroi moralmente riprovevoli l'orrido Sénécal, il personaggio più bieco partorito dall'immaginazione di Flaubert, persino più tristo di Homais e di Lheureux. E qui sì che il mio intento può essere tacciato di capziosità. Sénécal è il tipo umano esecrato da Flaubert: il rivoluzionario fazioso, risentito e filisteo, lo spregevole voltagabbana che senza colpo ferire, dopo aver predicato la rivolta per tutto il romanzo, finisce con il cambiare casacca arruolandosi nella guardia nazionale. A lui Flaubert mette in bocca parole di irredimibile grettezza. Durante una disputa tra amici sui massimi sistemi estetici, ecco Sénécal esprimere il suo punto di vista con la solita tracotanza: "L'Arte doveva mirare esclusivamente alla moralizzazione delle masse! Andavano raffigurati solo soggetti capaci di spingere ad azioni virtuose; gli altri erano dannosi". Come si vede, le convinzioni estetiche di Sénécal non differiscono poi molto da quelle che di lì a un secolo avrebbero propugnato con tanta enfasi Sartre e i suoi accoliti.

Non dovrebbe essere così difficile a questo punto prendere le distanze dalle posizioni oltranziste dell'ultimo Tolstoj e del Sartre maturo. Si potrebbe partire notando, non senza malizia, come l'insorgere di certi scrupoli etici, prima nell'uno poi nell'altro, sia coinciso con l'inaridirsi della vena. Una constatazione che, per quanto riguarda Sartre, assume i connotati di una condanna severa e senza appelli. Non solo l'impegno politico ha sancito il più o meno deliberato abbandono della narrativa, ma sembra aver contribuito a guastargli il gusto. Non sono pochi gli interventi su "Les Temps Modernes" in cui dichiara con la solita impudenza di preferire opere modeste funzionali alla causa a romanzi riusciti e inutili. Leggendolo viene il sospetto che il nemico delle sue fluviali requisitorie sia la letteratura: già, proprio lei, la letteratura come l'abbiamo sempre intesa e come, con buona pace di Sartre, ci ostiniamo a intenderla. Non a caso gli scrittori contro cui lancia i suoi più astiosi anatemi continuano a occupare un posto di assoluta preminenza nel canone: Montaigne, Rousseau, Baudelaire, Flaubert, Proust.

D'altra parte, se Tolstoj può ancora vantare un pubblico così vasto in tutti e cinque i continenti non lo deve certo alla sua attività di polemista o alle sue arie da santone, bensì ai suoi immortali capolavori romanzeschi. Quanto a Sartre, è sempre più difficile trovare uno scrittore o un erudito che si lasci fuorviare dalle sue fissazioni ideologiche. Proprio mentre il numero dei suoi lettori si va via via assottigliando.

Per contro, bisogna dare a Cesare ciò che è di Cesare. Che le argomentazioni di Sartre abbiano avuto un'importanza capitale lo si evince dall'influenza che esse esercitarono sugli ambienti letterari del suo tempo, non solo in Francia. Un esempio emblematico ci viene offerto dal nostro Italo Calvino, il cui itinerario artistico appare diametralmente opposto a quello sartriano. Se il giovane Calvino, il Calvino dell'immediato dopoguerra, forgiatosi nella temperie resistenziale piemontese, sembra avere le idee chiare sulla funzione dello scrittore nella nuova società italiana che si va sviluppando, il Calvino più attempato sembra prendere le distanze da quelle sue certezze giovanili. Nessuno oggi sarebbe disposto a considerare Calvino il classico "scrittore impegnato". Di fatto non ha mai ripudiato le proprie convinzioni politiche. Era comunista e tale è rimasto. A essere cambiato è il suo punto di vista sulla letteratura. La sua ariostesca devozione alla fantasia e alla peripezia lo rende il campione di un genere di letteratura che non si può certo definire "responsabile". Eppure se si dà un'occhiata alla sua pubblicistica a cavallo tra gli anni Quaranta e Cinquanta si ha la sensazione di trovarsi di fronte al classico "intellettuale organico". In un articolo uscito su "Rinascita" nel 1948, eccolo sentenziare:

> Militare nel partito è il nostro modo di esistere; ma il posto di combattimento dei letterati, il loro banco di prova, è sulla carta bianca. Il nostro compito è saper trasformare in poesia la nuova moralità dell'uomo comunista che si va delineando chiaramente in milioni di uomini di tutto il mondo: e ci riusciremo nella misura in cui saremo anche noi parte di questi milioni. Sarà questo il nostro modo dialettico di realizzare quel passaggio "dal particolare all'universale", che l'estetica classica considera fondamentale della poesia.

Tale presa di posizione giovanile non depone certo a favore della lungimiranza di Calvino, e nemmeno della sua capacità di tenere dritta la barra ideologica. Allo stesso tempo, però, la strada che intraprese nella maturità illustra come, nei casi più virtuosi, la letteratura obblighi chi la ama a seguire vie più impervie e meno convenzionali.

Ciò detto, tornando a Tolstoj e a Sartre, sarebbe troppo facile non prendere sul serio le considerazioni di chi, in nome del rinnovamento religioso e della lotta per la liberazione del proletariato, ha sconfessato ciò che gli era più caro. Perché, sebbene i sentieri che essi ci hanno indicato ci sembrino senza uscita, nessuno potrà mai negare che sia l'uno che l'altro li abbiano imboccati con ardore e in buona fede.

Bisogna altresì riconoscere che nessuno più di loro ha tentato di fornire risposte alle domande poste all'inizio di questa investigazione: perché si scrive? Per chi si scrive? Come detto, le ricette proposte da Tolstoj e da Sartre, e da tutti coloro che ne hanno seguito i precetti, presentano criticità, ma è indubbio che continuino a esercitare un certo fascino sia sugli scrittori che sui lettori.

Indignazione

Non sono molti gli autori di oggi disposti ad ammettere di scrivere spinti da un impulso gratuito, privo di scopi pratici, senza coltivare il sogno di incidere sul mondo. Chi ha la faccia tosta di dichiararlo finisce per essere considerato un decadente. La parabola umanamente tragica e letterariamente proficua di scrittori perseguitati come Salman Rushdie e Roberto Saviano la dice lunga su quanto il pubblico sia sensibile al martirio. La voga di cui godono questi due eccellenti scrittori dipende in gran parte dalle loro forti prese di posizione in merito alla libertà religiosa e contro la criminalità organizzata. È come se le battaglie che essi incarnano avessero cancellato, nell'immaginario dei lettori, la reale percezione del loro posto nel canone contemporaneo. Ma senza riferirsi a casi così estremi, resta nello scrittore di oggi una coazione a partecipare al dibattito pubblico, a firmare manifesti, appelli o petizioni. Il paradosso è che non sempre tale impegno si riflette nei libri che scrive. Anche quando il prestigio di cui gode dipende da romanzi storici, fantasy, noir o romance, qualcosa gli impone di pronunciarsi sul bene dell'umanità, come se ne fosse il depositario. Vien da chiedersi cosa lo induca a una così ostinata partecipazione. La fame di giustizia? Il senso di colpa? Oppure, per contro, la vanità e il calcolo?

Il numero di romanzieri che esibiscono pose rivoluzionarie, di poeti che si dichiarano conservatori, di scrittrici che fanno mostra del proprio femminismo è esorbitante. La militanza li spinge a riunirsi, a promuovere comitati di salute pubblica. Non c'è legge sbagliata, disastro ecologico o venti di guerra che non li spingano a pronunciarsi. Non sono molti gli autori in circolazione che potrebbero sottoscrivere le parole che Nabokov oppose a un suo intervistatore: "Mi vanto di essere una persona priva di interesse per il pubblico. Non mi sono mai ubriacato in vita mia. Non dico mai parolacce. Non ho mai lavorato in ufficio o in una miniera di carbone. Non ho fatto parte di circoli e associazioni. Non c'è credo o scuola che abbia avuto su di me il benché minimo influsso. Non c'è nulla che mi annoi quanto i romanzi politici e la letteratura a sfondo sociale".

So per esperienza che la gente non ama queste dichiarazioni di disimpegno e autosufficienza. In compenso ha un debole per gli scrittori che mettono la loro celebrità, piccola o grande che sia, a disposizione di cause umanitarie, che indicano la via giusta da seguire. Di fatto, le posizioni di Sartre godono di molta più fama dei suoi libri.

Più di una volta, nel corso della mia ultraventennale carriera di romanziere, sono stato invitato a esprimermi su questioni politiche che mi riguardavano del tutto incidentalmente, come se avere un'idea precisa sulla fame nel mondo, le morti sul lavoro o i disastri ambientali fosse un mio precipuo dovere professionale. Ogni volta che a questo genere di sollecitazioni ho opposto un cortese diniego mi sono trovato a dover gestire la delusione, se non addirittura l'ostilità, del mio interlocutore. Di solito, per trarmi d'impaccio, mi nascondo dietro all'adagio suggerito da Goffredo Parise nei *Sillabari*: "Non lo so, non me ne intendo". Una strategia dialettica che di rado si rivela efficace.

Ricordo ancora il pomeriggio in cui durante la presentazione di un mio libro uno spettatore mi chiese un parere sulla politica di apartheid del governo israeliano. Non scorderò mai gli insulti con cui m'investì quando mi rifiutai di rispondere alla sua domanda. Benché siano passati diversi anni da allora, continuo ancora a chiedermi perché quel tizio si aspettasse da me un commento su una questione che esulava dalle mie competenze. Per via della mia origine ebraica? Perché in quanto scrittore avevo il dovere di esprimere la mia opinione su una faccenda sensibile? O per l'interazione delle due cose? A distanza di tanto tempo, mi ostino a ritenere l'atteggiamento di quel tizio assolutamente imperdonabile. Perché si pretende che i narratori mettano in piazza le loro idee politiche? Perché si crede che siano tenuti a farlo, che sia un dovere deontologico? Escludo che il suddetto lettore abbia provato a estorcere un parere sulla crisi mediorientale al dentista che aveva in cura i suoi denti o al fiscalista che gli faceva la dichiarazione dei redditi. E allora perché pretenderlo da me?

Del resto, pur non avendo la prosopopea di Nabokov, e nemmeno il suo genio artistico, anch'io potrei vantarmi di non aver mai firmato alcuna petizione e di non aver mai esibito alcuna presa di posizione pubblica. Se non l'ho fatto è solo perché considero le mie private scelte di cittadino del tutto irrilevanti. Non le ritengo qualcosa di cui andar fiero né qualcosa di cui vergognarmi. E comunque non vedo perché esse debbano riguardare i lettori.

Proprio perché appartengo a un'altra confraternita non mi è facile parlare dello scrittore-responsabile con la dovuta serenità. Del resto, so bene che la sua vita è tutto fuorché una passeggiata, che a fomentare la sua passione non sono certo la convenienza e il conformismo. In alcuni casi sarà anche così. Di opportunisti e impostori è pieno il mondo. Su questa orda di filistei, se non vi spiace, stenderei un velo pietoso. Mi pare più proficuo volgere la mia attenzione su coloro che, ardenti di sacro fuoco, costretti da truci circostanze storiche, hanno scelto di fare i conti con una realtà esecrabile. Sarebbe stupido negare che le opere migliori di Albert Camus, Bertolt Brecht e George Orwell abbiano tratto spunto da un profondo disagio politico. Il pathos morale che emerge da testi come *La peste*, *L'opera da tre soldi* e *1984* è talmente palese da contagiare anche il lettore più disimpegnato. Se Camus e Orwell erano mossi dall'orrore per i regimi totalitari, ad animare Brecht era un non meno irriducibile disprezzo per la morale borghese.

Poiché le aspettative che questo genere di idealisti ripone nel proprio lavoro di rado vengono soddisfatte (il mondo è quello che è, non sarà certo l'impegno di un autore a stravolgerlo), è del tutto naturale che essi finiscano per scontrarsi con il leopardiano "arido vero". Una frustrazione che ci mette niente a degenerare in indignazione. A scanso di equivoci vorrei chiarire che la rabbia dello scrittore-responsabile ha solo una somiglianza vaga con quella dello scrittore che odia del capitolo precedente. Se per il primo l'ira è un effetto della delusione, per il secondo è una condizione preliminare, una sorta di partito preso. Stentiamo a immaginare un mondo in cui Lautréamont, Bernhard o Céline possano vivere felici e placati. Per contro, lo scrittore-responsabile è costantemente proteso verso un mondo migliore. L'indignazione di cui è spesso preda deriva dalla necessità di scendere a patti con una realtà che gli va sempre più stretta. D'altro canto, se riponi una fiducia cieca nelle tue opinioni, se non vedi l'ora di imporle al prossimo, non dev'essere facile prendere atto della loro sostanziale inefficacia.

Ci sono casi in cui questa frustrazione può tingersi di nero. Parlo delle occasioni in cui lo scrittore in questione sia stato vittima di catastrofi inaudite: soprusi, pestilenze, eccidi. Circostanze tragiche che lo inducono a indossare i panni luttuosi dello scrittore-testimone.

Scrivere per testimoniare

Non si nasce scrittori, lo si diventa. Se ciò vale per tutti, ancor di più vale per il testimone. Per quanto triste possa sembrarci, la sua ispirazione è legata a doppio filo con le avverse contingenze storiche in cui è rimasto incastrato e che lo hanno segnato a vita. Da qui la natura tragicamente circoscritta della sua indagine letteraria.

> E adesso che il dolore è forte, io ho deciso di scrivere di me e della mia storia, soltanto di questo, anche se questo non significa che parlerò di me. Non è certo a me stessa che penso ora, ma esclusivamente a quelle briciole di esperienza che sono riuscita a raccogliere e accumulare nel corso della mia vita. Voglio credere che analizzandola capirò qualcosa: dopotutto, se questa vita ci è stata data deve pur avere un senso, malgrado la maggior parte delle persone di ogni età che ho incontrato nel corso degli anni abbia recisamente rimosso la questione.

Parole di Nadežda Mandel'štam, la coriacea moglie del più grande poeta russo del ventesimo secolo, custode della sua memoria e della sua opera poetica messa al bando dal regime sovietico. Quando le circostanze glielo permisero, alle soglie della vecchiaia, Nadežda cedette all'irresistibile tentazione di rimboccarsi le maniche e scrivere delle persecuzioni di Stato che avevano cancellato dalla faccia della terra quasi un'intera generazione di artisti formidabili, a cominciare da Osip, il marito. Niente come le parole di Nadežda ci restituiscono il pathos emotivo che favorisce la scrittura di testimonianza. Il desiderio di scrivere di sé non è fomentato da un accesso di narcisismo senile ma dall'insorgente paura che i soprusi subiti non lascino traccia. Anche quando scrive "io" pensa a un assai più ecumenico "noi" composto per la maggior parte da chi non ha più voce per esprimersi e per protestare. A ispirare lo scrittore-testimone non è la rivalsa.

Ad armarlo è il desiderio di ripristinare una verità negata, di lenire l'angoscia che perseguita gli oltraggiati, di invitare chi resta a non dimenticare. Per lo scrittore-testimone il presente e il futuro sono inesorabilmente compromessi con il passato. Lui alza il suo canto da una città sepolta di macerie.

I nomi sono quelli che conosciamo: Primo Levi, Paul Celan, Gustaw Herling-Grudziński, Aleksandr Solženicyn, Anna Achmatova. Non disponendo della competenza necessaria per affrontarli in sequenza, ho scelto di concentrare la mia attenzione sull'autore che conosco meglio e che più si adatta al nostro discorso: Primo Levi.

A suo tempo c'è stato chi ha messo in dubbio lo statuto artistico di Levi sostenendo che la sua opera non avesse le carte in regola per entrare nella storia letteraria. Per questi puristi del canone, Levi non è uno scrittore ma un semplice testimone. Perciò, a loro giudizio, non avrebbe senso riservare ai suoi libri le attenzioni rivolte ai romanzi di Svevo e di Gadda. Per dare manforte a una così esclusiva idea di arte, c'è chi insiste nel dire che se Levi non fosse stato deportato ad Auschwitz probabilmente non avrebbe mai deciso di intraprendere la professione di scrittore. E lo afferma come se la cosa gettasse un'ombra sulla genuinità della sua vocazione.

È chiaro che si tratta di una sonora sciocchezza, spia di una visione angusta dell'ispirazione artistica. In fondo, nella vita di quasi ogni scrittore è possibile identificare, con buona approssimazione, il momento della rivelazione. È bene ribadirlo: non si nasce scrittori, lo si diventa per scelta e a costo di tanti sacrifici. Non vedo perché il caso Levi debba costituire un'eccezione alla regola. È vero, lui era il primo a rivendicare con orgoglio la sua formazione scientifica, esagerando talvolta l'aleatorietà delle sue competenze umanistiche. A suo tempo, non senza briosa impertinenza, Cesare Cases ha notato come Levi fosse "una pubblicità vivente per il vecchio liceo classico". La sua devozione a Dante, Manzoni e Leopardi era tipica del dilettante delle lettere. Resta comunque il fatto che se la letteratura fosse solo una faccenda da professionisti, dovremmo estromettere dal canone una serie infinita di outsider di genio tipo Casanova e Stendhal, e sostituirli con una pletora di eruditi pedanti e pretenziosi.

Basta aprire uno dei libri di Primo Levi per rendersi conto di quanto profonda e consapevole sia la sua arte. Se lo stile, per dirla con Truman Capote, è lo specchio della sensibilità di uno scrittore, e quindi lo scrigno che custodisce il nucleo della sua singolarità umana, è evidente che nulla è più appropriato al mondo interiore di Levi, e alle sue esigenze espressive, del proverbiale fraseggio limpido e severo. Una prosa che deve parecchio alla temperie torinese in cui Levi è cresciuto, e ai suddetti studi scientifici. Un connubio che sembra aver acuito in lui la propensione cartesiana alle evidenze, e il conseguente rifiuto di parole ambigue e di proposizioni oracolari. La nettezza con cui Levi si esprime, la pacatezza con cui argomenta sono funzionali allo scandaglio degli abissi che si è messo in testa di perseguire. C'è qualcosa di toccante nella verifica ossessiva cui sottopone i propri giudizi e prese di posizione. Nel celebre capitolo sulla Zona grigia, commentando il contegno di certe vittime dei lager che per sopravvivere si sono rese responsabili di crimini inauditi, Levi scrive: "La condizione di offeso non esclude la colpa, e spesso questa è obiettivamente grave, ma non conosco tribunale umano a cui delegarne la misura". Se questo non è stile allora non so proprio cosa sia. Per quanto mi riguarda, l'indagine di Levi intorno al male ha la stessa rilevanza estetica delle divagazioni di Montaigne sul dubbio e sulla condizione umana.

Se ho scelto di parlarne è perché credo che una delle questioni più annose sollevate da *I sommersi e i salvati* riguardi proprio il senso ultimo della scrittura.

Il titolo è ripreso pari pari da un capitolo di *Se questo è un uomo*. A distanza di quasi quarant'anni dalla prima edizione del suo capolavoro giovanile – ignorato per quasi due decenni e assurto agli onori della fama quando le circostanze lo hanno reso possibile –, Levi torna sui luoghi del delitto. E lo fa con lucidità inedita, nutrita da un disincanto dolente e maturo. Benché indagare sulle ragioni di un suicidio sia sempre un'illazione, non sorprende che un uomo capace di scrivere un libro del genere abbia deciso di togliersi la vita.

Già nella prefazione, riprendendo una considerazione di Simon Wiesenthal, Levi ricorda ai lettori come una delle più atroci torture inflitte dagli aguzzini agli internati riguardasse la testimonianza che un giorno il sopravvissuto, finalmente libero, avrebbe potuto fornire al mondo. Ebbene, senza prove circostanziate, nessuno gli avrebbe creduto. Così dicevano i carnefici alle vittime, e stando a Levi non erano i soli a pensarlo.

> Curiosamente, questo stesso pensiero ("se anche raccontassimo, non saremmo creduti") affiorava in forma di sogno notturno dalla disperazione dei prigionieri. Quasi tutti i reduci, a voce o nelle memorie scritte, ricordano un sogno che ricorreva spesso nelle notti di prigionia, vario nei particolari ma unico nella sostanza: di essere tornati a casa, di raccontare con passione e sollievo le loro sofferenze passate rivolgendosi a una persona cara, e di non essere creduti, anzi, nemmeno ascoltati.

Sebbene il tema posto da Levi travalichi le mere esigenze combinatorie che interessano un qualsiasi scrittore di fiction, resta comunque il fatto che chiunque abbia in animo di scrivere un'opera narrativa – persino un fantasy o un romanzo storico – prima o poi dovrà domandarsi: ma insomma, troverò là fuori qualcuno disposto a prendere per vero ciò che mi accingo a raccontare? Ripeto, il caso Levi pone problemi di ben più incommensurabile rilevanza morale. Per chi scrive libri come i suoi, essere creduti non è un'opzione o una mera opportunità di successo, ma una necessità inderogabile. E cionondimeno è Levi stesso a sollevare il problema. Consapevole che con gli anni la memoria si fa sempre più labile, che la pletora di negazionisti non può far altro che aumentare, che gli stereotipi prendono il sopravvento sulla verità, si chiede di quali armi disponga lo scrittore-testimone per contrastare i danni collaterali prodotti dall'oblio. Tornandoci su, è conscio che il trascorrere del tempo ha prodotto "effetti storicamente negativi": come, per esempio, la scomparsa della maggior parte dei testimoni, sia della difesa che dell'accusa. Ai pochi superstiti non resta che prendere atto delle lacune che il tempo ha inflitto alla memoria.

Il presupposto di Levi, secondo cui la "memoria umana è uno strumento meraviglioso ma fallace", sembra riproporre un tarlo tipico dei grandi narratori novecenteschi: da Marcel Proust a Bruno Schulz, passando per Virginia Woolf. Poiché il passato è materia delicata e ingannevole, chiunque ne ha fatto il cuore della sua indagine narrativa non può evitare di interrogarsi sul trattamento che occorre riservargli. Come dice Levi, la memoria non basta. Almeno non basta a chi, a dispetto dei suoi predecessori modernisti, non può affidarsi alla pura invenzione, e nemmeno alla più cauta trasfigurazione. E allora? Come uscirne? È come se per lui, e per i suoi pari, il sempiterno problema posto dall'arte di scrivere si riproponesse in una forma ancora più impellente e fatale. Se l'inaffidabilità dei ricordi offre a Proust e Schulz l'opportunità di crearne di alternativi, per certi versi persino più affascinanti degli originali, per Levi è motivo di angoscia costante. Lui sa che lo spazio dello scrittore-testimone è troppo angusto per consentirgli qualsiasi forma di rielaborazione. Del resto, è lucido abbastanza da capire che così va il mondo, e non ci si può far niente. Bene che vada, i ricordi si trasformano, la memoria viene meno, la rimozione è dietro l'angolo.

Se nel capitolo *Comunicare* Levi illustra con dovizia di dettagli le difficoltà dell'internato italiano e non poliglotta di entrare in relazione sia con i compagni di sventura che con gli aguzzini, in *Stereotipi* dà conto di un'altra forma di incomunicabilità: quella che intercorre tra il testimone e il suo vasto pubblico di uditori. Più passano gli anni, scrive Levi, più stereotipi tanto consolatori quanto fuorvianti stravolgono la verità dei lager.

La parte che meglio si presta alla mia indagine è sicuramente quella dedicata all'accoglienza dei suoi libri in Germania. La ricostruzione della difficile trafila editoriale che anticipa l'uscita di *Se questo è un uomo* in tedesco ci fornisce uno spaccato oltremodo inquietante sui dubbi che assalgono lo scrittore-testimone. All'inizio Levi non si fida: né dei suoi editori né del suo traduttore. Ingaggia con entrambi un confronto serrato. Pretende garanzie. Teme che il suo libro possa essere stravolto, e che le sue argomentazioni vengano sottoposte a una normalizzazione che sa tanto di censura. Quando finalmente ottiene le rassicurazioni che cerca, resta in lui l'inquietudine di sapere come verrà accolto *Se questo è un uomo* nel paese dei persecutori. Le lettere che riceve da alcuni tedeschi sono per lui motivo di perplessità e di conforto. C'è chi è tutto preso dal desiderio di scagionare se stesso e di affibbiare le colpe di quanto è avvenuto a un'oligarchia criminale, chi invece non si dà pace. I sentimenti che queste lettere producono nello scrittore-testimone rispecchiano l'ineludibile ambivalenza.

> Per noi, parlare con i giovani è sempre più difficile. Lo percepiamo come un dovere, ed insieme come un rischio: il rischio di apparire anacronistici, di non essere ascoltati. Dobbiamo essere ascoltati: al di sopra delle nostre esperienze individuali, siamo stati collettivamente testimoni di un evento fondamentale e inaspettato, fondamentale appunto perché inaspettato, non previsto da nessuno. È avvenuto contro ogni previsione; è avvenuto in Europa; incredibilmente,

è avvenuto che un intero popolo civile, appena uscito dalla fervida fioritura culturale di Weimar, seguisse un istrione la cui figura oggi muove al riso; eppure Adolf Hitler è stato obbedito ed osannato fino alla catastrofe. È avvenuto, quindi può accadere di nuovo: questo il nocciolo di quanto abbiamo da dire.

Come si evince da ciò che scrive Levi pochi mesi prima di togliersi la vita, per lo scrittore-testimone la propria vocazione è fatalmente ancorata a una forza che lo soverchia e lo trascende. Per lui scrivere non è un piacere e, a pensarci bene, neanche un dovere. Per lui scrivere è una condanna.

PIACERE

La morale del giocattolo

Che vuoi fare da grande?

Quante volte i bambini della mia generazione sono stati messi di fronte all'annosa questione. Il buffo è che di solito a rivolgere la fatidica domanda erano zii scapestrati che *da grandi* avevano combinato ben poco. Non so se le cose da allora siano cambiate, se nel frattempo il rapporto tra grandi e piccoli sia evoluto in modo sano. Quanto a noi, lo sa il cielo se avevamo la risposta pronta: "il pompiere", "il calciatore", "l'astronauta". Non ricordo amici abbastanza realisti e responsabili da sognare un impiego in banca, una carriera da geometra, una vita da amministratore condominiale.

Il messaggio era chiaro: "Toglieteci tutto ma non il sogno e l'avventura". Una pretesa che suonava come una sfida all'autorità costituita. Stando agli adulti, infatti, bisognava diffidare sia del gioco che del divertimento. Prima il dovere, poi il piacere, ci ammonivano. Guai a sgarrare.

Del resto, quale religione risparmia ai fedeli una razione quotidiana di rinunce e sofferenze? Quale filosofia morale non raccomanda ai discepoli uno stile di vita austero? Quale costituzione liberale non esorta il cittadino a comportamenti sobri e laboriosi? Un'identità di vedute che trae spunto dalla stessa sconsolata constatazione: l'esistenza umana è sacrificio.

"Fai ogni giorno qualcosa che non ti piace: questa è la regola d'oro per abituarti a fare il tuo dovere senza fatica." È un consiglio di Mark Twain che sembra fare il paio con quanto afferma Baudelaire: "Ad ogni minuto noi siamo gravati dall'idea e dalla sensazione del tempo. E non vi sono che due mezzi per scappare a questo incubo, per dimenticarlo: il piacere e il lavoro. Il Piacere ci usa. Il Lavoro ci fortifica". Che un simile invito alla probità e all'impegno giunga da un uomo proverbialmente pigro e debosciato la dice lunga su quanto una vita votata al piacere metta in crisi chiunque. Possibile che a parlare sia lo stesso poeta che, nelle sue geniali divagazioni saggistiche, consigliava agli artisti di rimanere in contatto con la dimensione infantile?

> Il bambino vede tutto in modo nuovo, è sempre ubriaco. Niente è più simile a ciò che si chiama ispirazione che la gioia con cui il bambino assorbe la forma e il colore (...) L'uomo di genio ha nervi forti; il bambino ha nervi deboli. In uno, la ragione ha preso un posto considerevole; nell'altro, la sensibilità occupa quasi tutto l'essere. Ma il genio non è che l'infanzia riconquistata a volontà, l'infanzia dotata ora, per esprimersi, di organi virili e della mente analitica che le permette di ordinare la somma dei materiali involontariamente accumulati. È a questa profonda e gioiosa curiosità che dobbiamo attribuire l'occhio fisso e animatamente estatico dei bambini davanti al nuovo, qualunque esso sia, volto o paesaggio, luce, dorature, colori, tessuti scintillanti...

Per Baudelaire, l'artista al meglio delle sue facoltà è un uomo-bambino, e quindi uno spirito libero e irresponsabile aperto alle sensazioni primigenie e incline al gioco. In un altro saggio, guarda caso intitolato *La morale del giocattolo*, affronta la questione in modo ancora più diretto: "Tutti i fanciulli parlano ai loro giocattoli; i giocattoli diventano attori nel grande dramma della vita, ridotto dalla camera oscura del loro piccolo cervello. I fanciulli coi loro giochi testimoniano la propria grande facoltà d'astrazione e la loro alta potenza immaginativa".

Non si può dire altrettanto del rapporto che un narratore intrattiene con le sue frasi o il poeta con i suoi versi? Chi conosce il brivido procurato dall'impegno artistico non può che riconoscersi nelle parole di Baudelaire. Concepire un'opera significa astrarsi dal mondo dei vivi e dare fondo alla propria "potenza immaginativa", e quindi giocare. Un romanziere parla al suo romanzo, e un poeta ai suoi sonetti, come il bambino parla al suo balocco.

Dalla parte dei giochi e dei bambini era anche il grande scrittore ceco Bohumil Hrabal, baudelariano di lungo corso. A chi gli chiedeva cos'era la fiction rispondeva: "Un'idea fissa, ovvero il grande gioco (...) Quel gioco divino, futile, pazzo e contemporaneamente stupido, il ludibrionismo. Perché l'uomo che crea è simile in fondo al fanciullo, ama molto tornare agli anni dell'infanzia".

Ludo, diletto, piacere. Ecco le parole d'ordine di chiunque concepisca la letteratura come un gioco. A proposito di lezioni cui sarebbe stato bello assistere, come non menzionare quelle tenute ad Harvard da Jorge Luis Borges alla fine degli anni Sessanta, nel ciclo intitolato a Charles Eliot Norton? Tornate alla luce poco più di un anno fa (si credevano perdute), pur non aggiungendo molto a quanto sappiamo già della poetica di quel geniale erudito, grondano di spunti interessanti. A colpirmi è soprattutto quanto Borges dice in merito alla sua attività di lettore e di scrittore:

> Ho passato la vita a leggere, ad analizzare, a scrivere (o a tentare di scrivere) e a gioirne. Ho scoperto che quest'ultimo punto è la cosa più importante. A forza di leggere di leggere e di rileggere poesia, sono arrivato a una conclusione definitiva sull'argomento. Ogni volta che affronto la pagina bianca, sento di dover riscoprire la letteratura da solo. Il passato non mi è di alcun aiuto.

È così che funziona, chi gioca sente l'esigenza di inventare ogni volta una storia nuova, un contesto inedito, un'avventura mai intrapresa prima.

Vi prego però di non pensare ai classici giochi di società. Bensì a quei passatempi cui il bimbo, nel perimetro angusto della sua cameretta, si dedica con serietà e disciplina: approntare una battaglia tra soldatini di plastica, costruire città con i Lego, arredare la casa di Barbie. Per farlo ha l'esigenza di uscire da se stesso, fingersi un altro, mettere le proprie capacità immaginative al servizio della peripezia. Va da sé che la condizione preliminare per una simile immersione è la solitudine, la stessa di cui hanno bisogno il romanziere e il poeta al lavoro. Nessuno può negare che scrivere sia un piacere solitario che non si esaurisce nelle ore alla scrivania. Anzi, molto spesso si consuma nei tempi morti della giornata, nelle pause di inattività. Proprio come il bimbo che non vede l'ora di tornare agli amati soldatini, il romanziere non persegue altri scopi se non quello ancestrale di giocare, una necessità che lo delizia e lo tormenta. Per farlo al meglio ha bisogno di isolarsi.

La deriva antisociale della creazione artistica è uno dei cavalli di battaglia di Vladimir Nabokov. Durante le sue affollate lezioni universitarie raccomandava agli studenti, o almeno ai pochi tra essi intenzionati a intraprendere una carriera artistica (tra i presenti c'era anche Thomas Pynchon), la "vituperatissima Torre d'avorio, purché ovviamente fornita di telefono e di ascensore (...) un luogo fresco e gradevole con un gran panorama circolare e dovizie di libri e di aggeggi utili". Ai suoi allievi forniva inoltre consigli preziosi su come affrontare un'opera letteraria:

> I romanzi di cui ci siamo impregnati non vi insegneranno niente che potrete applicare a un qualunque problema della vita. Non vi aiuteranno né in ufficio né in camera né nella nursery. Di fatto la conoscenza di cui ho cercato di render-

vi partecipi è puro lusso. Non vi aiuterà a capire l'economia sociale della Francia, o i segreti del cuore di una donna o di un giovane. Ma può aiutarvi, se avete seguito le mie indicazioni, a sentire la pura soddisfazione che offre un'opera d'arte ispirata e precisa; e questo senso di un benessere mentale più genuino, quel tipo di benessere che sentiamo quando ci rendiamo conto che, nonostante tutti gli sbagli e i suoi spropositi, anche il tessuto della vita è questione d'ispirazione e precisione.

Lusso, soddisfazione, benessere. Queste le parole d'ordine di Nabokov. Le sue assennate raccomandazioni si possono applicare alla fruizione di un classico, ma anche alla compilazione di un'opera originale. Sulla scorta di Baudelaire, Nabokov definisce i capolavori letterari "meravigliosi giocattoli". Strumenti di piacere tanto sofisticati quanto futili e perversi.

Autocompiacimento

D'altra parte, se il tema è il piacere solitario, l'autosufficienza, l'edonismo artistico, è impossibile non partire da Nabokov. Lui è il nostro uomo all'Havana. Chi ha una certa dimestichezza con questo autore sa che la sua opera è il frutto di una coerenza inflessibile. A dispetto dei suoi pochi detrattori (tutti animati da furori puritani), la folta platea di fan su cui può contare lo ammira come si ammira un trapezista che si esibisce senza rete di protezione: con gli occhi sgranati, il fiato sospeso e il timore che a ogni frase possa cadere spaccandosi l'osso del collo. Tra i suoi seguaci più accaniti merita una menzione speciale Martin Amis, che a Nabokov ha dedicato pagine eccellenti. Per Amis ciò che distingue Nabokov da quasi ogni altro scrittore, e che lo assimila a Joyce, è l'arte di vivere in modo sontuoso. "Entrambi vissero 'splendidamente' – non certo nell'accezione jamesiana dello splendore, che avrebbe contemplato tra i prerequisiti essenziali una salda solvibilità, bensì nell'ironica forza della perseveranza. Condussero le loro vite con stile."

Non ci è dato sapere che scrittore sarebbe stato Nabokov se la sua "tragedia privata" (la chiamava così per scoraggiare i ficcanaso, invitandoli a impicciarsi dei fatti propri) non lo avesse costretto all'esilio e a scrivere in una lingua che non era la sua. Ciò che sappiamo è che mai, neppure nei momenti di più atroce disperazione, perseguitato dai capricci della sorte e assediato dall'indigenza, mise in discussione le sue idee sull'arte e sulla scrittura. Attese che il successo gli arridesse (piuttosto tardi, purtroppo) per ritirarsi in un hotel di lusso affacciato su un lago svizzero. Un fastoso domicilio che gli consentì di lavorare ai suoi ultimi romanzi nel modo in cui aveva sempre sognato: con rigore, pazienza e voluttà. È lì che i giornalisti di mezzo mondo andavano a stanarlo. Quando uno di essi lo interrogò su ciò che gli piaceva fare ottenne una risposta talmente netta da apparire una dichiarazione di poetica: "I miei piaceri sono i più intensi che l'uomo conosca: scrivere e cacciare farfalle". A colpire non è tanto l'assimilazione di due attività così difficilmente sovrapponibili come l'entomologia e la letteratura, ma il fatto che Nabokov consideri sia l'una che l'altra un piacere. Non sono molti gli scrittori che, pur pensandola al medesimo modo, sarebbero disposti ad ammetterlo con la stessa impudenza. Di solito l'artista consapevole è più incline a lamentarsi e a fare la vittima. Nabokov no. Lui ostenta la propria felicità con l'insolenza di un bambino. Gli piace mettere in chiaro che quando scrive persegue "la precisione della poesia e l'ebbrezza della scienza pura". A chi gli domanda perché ha scritto *Lolita* risponde serafico: "Mi sembrava una cosa interessante da fare. Perché ho scritto gli altri libri, in fondo? Perché mi faceva piacere, perché era difficile (...) Mi piace semplicemente comporre enigmi con soluzioni eleganti". Insomma, siamo sempre lì, al godimento puro e fine a se stesso. I piaceri che la scrittura ti dona "corrispondono esattamente ai piaceri della lettura: la beatitudine, la felicità di una frase è condivisa dallo scrittore e dal lettore: dallo scrittore appagato e dal lettore riconoscente, oppure – ma è poi la stessa cosa – dall'artista riconoscente alla forza ignota che dentro di lui ha suggerito una combinazione di immagini, e dal lettore sensibile che in questa combinazione trova appagamento". All'incauto intervistatore che gli domanda se concordi con Tolstoj, secondo cui la vita non sarebbe altro che una "tartine de merde", Nabokov replica: "Non ho mai sentito questa storia. Qualche volta il buon uomo riusciva a essere alquanto disgustoso, non le sembra? La *mia* vita è pane fresco con burro di campagna e miele delle Alpi".

C'è anche chi, non senza impertinenza, gli domanda quale posto ritiene di occupare nel panorama della letteratura contemporanea. La risposta di Nabokov è di sublime immodestia: "Da qua su si gode un'ottima vista".

È chiaro che il bersaglio di Nabokov è lo scrittore risentito e insoddisfatto che chiede agli altri ciò che dovrebbe trovare in se stesso. Qualcuno potrebbe obiettare che ci vuole poco a godere del proprio genio appollaiato sul numero sterminato di copie che *Lolita* continua a vendere in ogni angolo della terra. Un'osservazione oltremodo capziosa che non considera il contegno che Nabokov ha sempre osservato, anche negli anni in cui la sua platea di lettori era decisamente più ristretta. Il contegno di chi, consapevole del dono ricevuto da Dio, lo sfrutta senza riserve e con soave incontinenza. Non si capisce Nabokov se si ignora che la sua cifra è l'autocompiacimento.

Per trovare un altro scrittore altrettanto compiaciuto del proprio talento bisogna andare a cercarlo più a est, nel Sol Levante. E qui occorre (almeno per me) uno sforzo di fantasia ancora più audace. Per intendere le peculiari attitudini del grande scrittore giapponese Tanizaki Jun'ichirō, infatti, occorre tenere conto della temperie soffusa di buddismo e di confucianesimo in cui è cresciuto. Scordatevi di trovare in lui l'insolenza nabokoviana. Nella sua pacata dissertazione intorno alla "maestria", Tanizaki tesse un elogio del lavoro artistico come esercizio totalmente gratuito, e quindi come piacere che trae di che nutrirsi solo da se stesso:

> Il nostro è un lavoro che dipende dal favore del pubblico, è soggetto a un drammatico alternarsi di glorie e fallimenti, ma proprio per questo noi dobbiamo cercare di difendere quanto vi è da difendere – senza rincorrere sempre e soltanto la popolarità. Adulare le masse, in fondo, è come adulare i potenti. Bisogna rispondere unicamente alla propria coscienza artistica, affinare il talento in silenzio, con dedizione, lontano dagli sguardi del pubblico. Se il mondo non ci accoglierà ci rassegneremo, consapevoli di non aver fatto ancora abbastanza, oppure capiremo che la nostra arte, rispetto al lavoro degli antichi, non possiede nulla di eccezionale, che è inevitabile rimanere sepolti dall'anonimato e allora, verso il mondo, continueremo a operare soltanto per nostro profondo diletto.

Il bene supremo di cui dispone uno scrittore è il suo lavoro. Per mediocre che sia il suo talento, è chiamato a metterlo completamente al servizio dell'opera. Il gesto di scrivere, l'impegno che mette nel farlo conferiscono un senso alla sua vocazione. Il piacere che deriva dal compierlo nel migliore dei modi e a proprio esclusivo beneficio e appagamento non pretende un riconoscimento sociale. Il solo premio in serbo per questo anacoreta delle lettere è la consapevolezza di aver raggiunto il giusto grado di autosufficienza artistica. Questo sì, un vero lusso.

Del resto, per quanto pervaso di saggezza orientale, quello di Tanizaki non è che l'ennesimo elogio della solitudine creativa: la migliore via di fuga per chi voglia porre un argine al caos del mondo, e per chi desideri tenersi alla larga dal cosiddetto consesso civile.

Spesso si loda l'arte di leggere come il gesto privilegiato dai solitari. Nella maggior parte dei casi è così, ma non sempre. Tanto per fare un esempio, esistono i reading in cui l'autore si compiace di leggere a voce alta stralci del suo libro a un pubblico più o meno vasto. In questo caso, non si può certo considerare la lettura come un'attività solitaria. Le parole lette arrivano ai presenti all'unisono come le immagini di un film.

La scrittura, lei sì che condanna chi la pratica alla più assoluta solitudine. Sarebbe impossibile, infatti, svolgerla in compagnia. È vero, esistono casi, talvolta persino virtuosi, di scritture collettive. Ma basta interpellare i diretti interessati per scoprire che gli autori di quei libri, sebbene impegnati in un progetto comune, hanno comunque lavorato ciascuno per proprio conto. È impossibile scrivere realmente a più mani. La scrittura ti obbliga all'isolamento. Per questo può essere così snervante. Per questo talvolta ti mette a contatto con la parte più profonda e oscura di te stesso. E non sempre è una cosa buona. Ma qualche volta può esserlo. Bisogna solo imparare a farci i conti.

Del resto, il misticismo immanente raccomandato da Tanizaki non è appannaggio esclusivo degli scrittori orientali. Esso ha conosciuto una sua fortuna anche alle nostre latitudini, seppur venato di sfumature meno metafisiche e più irrequiete.

Valga per tutti il famoso pensiero di Pascal: "Tutta l'infelicità degli uomini deriva da una sola causa: dal non sapere starsene da soli dentro una stanza". Che Pascal sia giunto a questa conclusione per inclinazione personale o perché ispirato dall'esempio offerto dall'amato ed esecrato Montaigne non ha tutta questa importanza. Resta il fatto che la torre in cui Montaigne scelse di segregarsi è diventata, nell'immaginario di chiunque prenda seriamente l'arte di scrivere, una sorta di luogo di culto. Che questo spazio angusto non sia mai passato di moda lo dimostra lo stesso Nabokov quando, per decostruire un frusto luogo comune, raccomanda ai suoi allievi di imparare a gustare le prelibatezze offerte dalla torre d'avorio:

> Costruirsi una torre d'avorio non è da tutti. È frutto di capacità e soprattutto di previdenza. Starci chiuso dentro è segno di saggezza e di profonda scienza della vita. Star chiuso in una torre d'avorio significa avere una vita propria e bastare a se stesso, e chi ha una vita propria e basta a se stesso è un uomo pago di sé e che non chiede agli altri, non toglie agli altri, non nuoce agli altri.

La torre d'avorio: quando il piacere si fa tormento

"Se leggo con piacere questa frase, questa storia o questa parola, è perché sono state scritte nel piacere (questo piacere non è in contraddizione con i lamenti dello scrittore)." Lo scrive Roland Barthes nel suo celebre *Il piacere del testo*. Come spesso gli capita, Barthes, nel suo aristocratico snobismo, affida alle parentesi le gemme più preziose. È ciò che avviene anche nella citazione in questione. In essa Barthes rivela come il piacere di scrivere non possa essere mai dissociato dal tormento. Lo stile di vita cui si condanna lo scrittore-anacoreta alla lunga si rivela come la rosa del famoso proverbio: irta di spine. La torre d'avorio auspicata da Nabokov, provvista di ogni comfort, ci mette niente a trasformarsi nella stanza delle torture.

Per decenni, prima dell'avvento di Proust e della sua lugubre camera foderata di sughero, lo spazio di riferimento per tutti i fautori della torre d'avorio è stato un luogo decisamente più ospitale della tana proustiana: la dimora dei Flaubert a Croisset, in Normandia. Purtroppo non esiste più, demolita da qualche ignobile speculazione edilizia. Ma stando ad alcune riproduzioni e alle testimonianze degli amici che ebbero l'onore di frequentarla (Maupassant, Sand, i Goncourt) si può capire perché Flaubert l'amasse tanto e perché stentasse sempre ad abbandonarla. Era il domicilio perfetto per scrivere in santa pace.

Affacciato sul fiume, a pochi chilometri dall'oceano, ingentilito da un profumato boschetto di tigli, il palazzo fu acquistato dal dottor Flaubert, il padre di Gustave, nella primavera del 1844. All'epoca Gustave aveva appena ventidue anni e, pur non avendo ufficialmente comunicato alla famiglia le sue intenzioni, aveva già compiuto la sua scelta di vita. Deciso a non seguire le orme paterne e a non intraprendere alcuna professione borghese, sarebbe diventato uno scrittore. E mica uno scrittore qualunque, ma lo scrittore per antonomasia, quello per cui conta solo scrivere.

"Non si arriva allo stile se non con un lavoro atroce, con un'ostinazione fanatica e devota." Così avrebbe scritto qualche anno dopo a Louise Colet. E ancora: "Mi parli di lavoro, sì, lavora, ama l'arte. Di tutte le menzogne è ancora la meno menzognera. Prova ad amarla di un amore esclusivo, ardente, devoto. Non ti verrà meno. Solo l'idea è eterna e necessaria".

Flaubert non fece mai mistero delle difficoltà del suo apprendistato. A dispetto di parecchi colleghi, trovare una voce che lo convincesse fu per lui una fatica immane. Grazie al cielo, la cospicua eredità paterna e la casa di Croisset gli offrirono l'opportunità per dedicarsi anima e corpo alla sua vocazione senza dover fronteggiare le volgari seccature che affliggono la vita degli scrittori indigenti.

Per decenni le imbarcazioni che, partite da Parigi, solcavano le acque della Senna verso il mare usarono casa Flaubert come un faro. Anche a notte fonda, infatti, la stanza dello scrittore era illuminata a giorno dalle candele. Purtroppo neppure tante ore a disposizione riuscirono a placarlo. Molto spesso la sua esasperazione era tale da costringerlo a lasciare la scrivania e sdraiarsi sul divano preda di cefalee invalidanti. Insomma, benché la sua torre d'avorio fosse dotata di tutte le necessarie comodità, Flaubert non seppe mai godere del proprio mestiere come forse avrebbe potuto e dovuto. A colpirci fin quasi alla commozione è la poca fiducia che riponeva in se stesso. Per assurdo che possa apparire, non si liberò mai dal sospetto che il suo genio non fosse all'altezza delle ambizioni. A schiacciarlo erano soprattutto i modelli che gli si paravano davanti ogni volta che intingeva la penna nel calamaio. Per quanto ce la mettesse tutta, il suo stile non avrebbe mai potuto raggiungere la schietta naturalezza di Montaigne, la nettezza di La Bruyère e neppure la raffinata eleganza di Chateaubriand. Per sopperire al deficit (tale lo considerava), c'era solo il lavoro. Un lavoro indefesso fatto di prove, studi, binari morti e sentieri abbandonati.

Ecco perché possiamo dire che Flaubert è il santo patrono di tutti gli eremiti letterari. Non tanto perché sia il primo ad aver consacrato la propria intera esistenza al lavoro artistico (si pensi alla folla di grandi isolati prodotti dal Romanticismo tedesco, inglese ma anche italiano, francese e americano), quanto perché ci ha costruito sopra una filosofia pratica.

Era ancora uno scrittore inedito, alle prese con la compilazione del suo capolavoro immortale, *Madame Bovary*, quando in una celebre lettera confidò all'amica del cuore: "Ho vissuto la mia vita in questa ostinazione da maniaco, escludendo le mie altre passioni che chiudevo dentro delle gabbie, e che andavo qualche volta a vedere solo per distrarmi. Oh! Se un giorno farò mai una grande opera, l'avrò di sicuro guadagnata".

Se per Tanizaki, Nabokov e parecchi altri epigoni la scrittura sarebbe stata una fonte di conforto e godimento, per Flaubert fu sempre un cilicio, e quindi uno strumento di tortura che produce in chi ne fa uso sensazioni in bilico tra tormento e voluttà. Impossibile, a questo punto, non tornare a Truman Capote e a ciò che dice del suo apprendistato artistico:

Scrivevo storie di avventure, racconti gialli, scenette comiche. Episodi che mi erano stati narrati da ex schiavi e da reduci della Guerra Civile. Era molto divertente, all'inizio. Smise di esserlo quando scoprii la differenza tra scrivere bene e scrivere male, e poi feci una scoperta ancor più allarmante: la differenza tra un ottimo stile e la vera arte; è sottile ma feroce. E allora calò la frusta.

Una confessione che contribuisce a ingrossare la lunga lista di flaubertiani più o meno consapevoli. Benché il tenore di vita di Capote, improntato a frivolezze e mondanità, confligga con l'austerità raccomandata dal grande romanziere normanno, il rapporto di Capote con la sua arte ripropone a grandi linee le ossessioni di Flaubert. Anche per Capote non c'è dea più capricciosa della "vera arte": una musa esigente che prima di concedersi ti sottopone a tormenti inauditi.

Si può dire che Flaubert abbia fondato un vero e proprio culto, una religione la cui liturgia si esprime in un'inesausta ricerca della bellezza. Una ricerca che costringe chi la intraprende a una serie di ostacoli mortificanti.

Nelle sue amabili divagazioni sul niente e sul tutto, Borges ha avuto buon gioco nel paragonare Flaubert a Pindaro, il poeta-sacerdote. Il destino di Flaubert è talmente esemplare, afferma Borges, da conferirgli il crisma dell'antesignano e del vate. Borges vede in lui il primo scrittore che si sia interamente votato alla "creazione di un'opera puramente estetica *in prosa*". Da qui la convinzione un po' bislacca, mille volte rivendicata da Flaubert, che esiste un solo modo, non due, non tre, per esprimere un dato concetto o per evocare una certa immagine. Il compito dell'artista è identificarlo a costo di mille colpi di frusta autoinflitti. La contraddizione incarnata da Flaubert è tutta qui: da un lato rifiuta la cosiddetta ispirazione romantica, a favore del duro lavoro, dall'altro si abbandona a una specie di misticismo artistico. Un'aporia che induce Borges a concludere:

> Non è meno innegabile che pensare all'opera di Flaubert è pensare a Flaubert, all'ansioso e laborioso lavoratore dalle molte ricerche e dagli abbozzi inestricabili. Don Chisciotte e Sancio sono più reali del soldato spagnolo che li inventò, ma nessuna creatura di Flaubert è reale quanto Flaubert. Quelli che dicono che la sua opera capitale è la *Correspondance* possono arguire che in quei maschili volumi c'è il volto del suo destino.

Per bizzarro che possa sembrarci questo discorso, Borges ha ragione. La smania di Flaubert di scomparire nella sua opera, che trae linfa dalla sua idea di ascetismo artistico, sembra non tenere conto del mito che proprio lui ha contribuito ad alimentare. Borges, nel suo gusto per i paradossi, arriva ad affermare che nessun eroe inventato da Flaubert – né Emma, né Félicité, né Frédéric – è degno del personaggio-Flaubert.

Il mito della "parola giusta" è talmente contagioso da aver forgiato intere generazioni di scrittori. Dubito che senza Flaubert il poeta russo Iosif Brodskij avrebbe potuto dire con altrettanta sicumera che "il fine dell'evoluzione – ci crediate o no – è la bellezza che sopravvive a tutto e genera la verità per il semplice fatto di essere una fusione di ciò che è mentale e di ciò che è sensuale. Come sempre avviene agli occhi di chi sta a guardare, non può essere totalmente incarnata se non nelle parole; è questa premessa di ogni poesia, che è inguaribilmente semantica così come è inguaribilmente eufonica".

La "parola giusta" è la sola capace di esprimere tutto quel che c'è da sapere, e di farlo nel modo più elegante e melodioso possibile. Nella folta schiera di romanzieri borghesi del diciannovesimo secolo Flaubert si è distinto dagli altri proprio per la sua spinta a nevrotizzare la scrittura. La proverbiale lentezza con cui allestiva i suoi gioielli romanzeschi è figlia di questa malattia nervosa. La cura che metteva nei suoi fraseggi riproduce assai più i tormenti del giovane poeta in crisi che la fiducia in se stesso del narratore navigato. Di fatto, niente gli è più estraneo della leggerezza di Stendhal e della mostruosa prolificità di Balzac.

Non sorprende che Borges identifichi nell'epistolario flaubertiano la fonte di questo mito così duro a morire. E che Vargas Llosa, altro flaubertiano di lungo corso, gli dia manforte: "Credo che l'epistolario di Flaubert sia il migliore amico per una vocazione letteraria agli esordi, l'esempio più proficuo su cui un giovane scrittore possa contare nel destino che si è scelto". E in effetti sono tanti gli scrittori che hanno tratto spunto da quelle pagine (scritte con una disinvoltura di cui nei romanzi era incapace) per dare spessore alla propria vocazione: da Kafka a Salinger, non c'è narratore ossessionato dal proprio lavoro che non abbia sentito risuonare in alcune lettere di Flaubert il nucleo della propria stessa ragione di vita. Citarne stralci è il genere di coazione cui è difficile resistere. Lo dico per mettere le mani avanti dato che è ciò che mi accingo a fare.

La maledizione della scrittura

"Un libro sul nulla." Chi di voi, cari lettori smaliziati, non si è imbattuto almeno una volta in questa misteriosa espressione flaubertiana? Chi di voi non l'ha vista citata nei contesti più disparati e quasi sempre a sproposito?

Come molte locuzioni logorate dall'uso, anche questa si presta a miriadi di interpretazioni e ad altrettanti fraintendimenti. C'è chi, conoscendo la visione del mondo di Flaubert, ne enfatizza il lato nichilista. Poiché la vita non ha alcun valore, occorre immaginare un libro che si faccia carico di tanta inutilità. In questo senso, sia la *Bovary* che *L'educazione sentimentale*, per non dire di *Bouvard e Pécuchet*, sembrano attenersi alle consegne, venati come sono di cinismo e disinganno.

Oppure la si può intendere in modo meno letterale, più figurato, come manifesto antiromantico. Chi ha l'ambizione di scrivere un libro realista deve fare i conti con ciò che passa il convento: e allora il "nulla" non è altro che il gretto contesto romanzesco di cui Flaubert dispone, la provincia normanna di metà Ottocento, ricca di intrighi e filistei.

Ma ora proviamo a leggere l'intero stralcio della lettera scritta da Flaubert in una gelida notte del '52 alla solita Louise Colet.

> Ciò che mi sembra bello, quello che vorrei fare, è un libro sul nulla, un libro senza correlato esteriore, che si tenesse da solo per la forza interiore del suo stile, come la terra che si tiene nell'aria senza appoggiarsi, un libro che non avrebbe quasi soggetto, o in cui il soggetto almeno sarebbe pressoché invisibile, se questo è possibile.

Ora sì che il passo mostra i suoi veri intendimenti. Il sogno di Flaubert è di dare vita a una forma del tutto autonoma. O per dirla ancora con Vargas Llosa: "Da un lato, come uno slancio di entusiasmo per lo stile, dall'altro, come un'ulteriore difesa dell'autonomia della finzione". La prosa deve diventare un luogo dello spirito in cui le frasi risuonino come melodie, le immagini risplendano come affreschi, le cesure siano abbastanza secche da evocare bellezze nascoste. Un ideale che se realizzato nel modo giusto può dare vita a gemme scintillanti e insostituibili. È chiaro allora che l'ambizione di scrivere un "libro sul nulla" è la scelta di campo di chi ha scommesso interamente sul piacere. L'idea molto scolastica secondo cui un romanzo degno di nota debba custodire un qualche messaggio di facile smerciabilità insulta tutto ciò in cui Flaubert crede. Lo scopo che si prefigge è assimilare la prosa alla poesia, la frase al verso. Per avviare una simile rivoluzione occorre un inesausto lavoro di scavo alla ricerca dell'essenza. Ricorrendo a una similitudine operistica, si può dire che Flaubert miri a ripulire il romanzo dalle scorciatoie offerte dal recitativo. Il "libro sul nulla" che sogna di scrivere si articolerà in una serie ininterrotta di arie. Un'opera, quindi, che rifugga i dialoghi didascalici di certa narrativa a tesi e le zeppe della letteratura popolare. Per Flaubert scegliere una parola a dispetto di un'altra è questione di vita o di morte. Un'assunzione di responsabilità morale ineludibile. Il piacere cui il narratore flaubertiano aspira non può essere disgiunto dal perseguimento dell'espressione felice. La beffa è che una concezione così edonistica della scrittura generi in chi la persegue sofferenze indicibili. Il paradosso inaugurato da Flaubert – condiviso da stilisti non meno intransigenti di lui come Fitzgerald, Borges, Nabokov, Capote e Salinger – costringe lo scrittore di prosa a una disciplina militare. La voluttà di scrivere, così come la intendono questi autori, è di stampo sadomasochista. Allo scrittore di piacere toccano entrambe le parti in commedia: quella del sadico e quella del masochista. Nelle estenuanti sedute di lavoro che si infligge non fa che autofustigarsi, il dolore che prova, ben lungi dall'essere fine a se stesso, è volto al perseguimento della grazia.

È allora che il piacere di scrivere si fa maledizione.

Lasciatemi precisare che il titolo di questo paragrafo – *La maledizione della scrittura* – non è mio. L'ho rubato a un piccolo capolavoro dello scrittore giapponese Atsushi Nakajima. Se non lo avete mai sentito nominare, se il suo nome non vi è familiare come quello di Kawabata o di Tanizaki, prendetevela con il destino. Solo a lui può essere imputata la morte precoce di questo elegantissimo calligrafo. Nakajima morì all'età di trentatré anni lasciando dietro di sé una manciata di racconti fantastici, uno più bello dell'altro. La sua sorte sembra ricalcare quella di certi poeti simbolisti francesi morti troppo giovani per raggiungere l'apice della propria ispirazione: Laforgue, Lautréamont, Corbière.

Raffinato, ombroso, discendente di una famiglia di eminenti sinologi, e per questo dotato di una solida erudizione e di una fantasia libresca, Nakajima visse la sua breve esistenza interrogandosi sulla genuinità del suo talento. In questo senso, un vero e proprio Flaubert giapponese. I suoi racconti migliori, ispirati a remote leggende letterarie perlopiù tratte dalla mitologia cinese, ma non solo, hanno un tema dominante: la scrittura come sortilegio e il contrasto sempre teso tra realtà e finzione.

Ne *La maledizione della scrittura,* Nakajima rievoca la leggendaria corte di Assurbanipal, il grande sovrano assiro. Il pretesto narrativo viene offerto da una cruenta carneficina che ha favorito la comparsa di spiriti maligni. È da allora, infatti, che la biblioteca di Babilonia è infestata di fantasmi. È l'erudito Nabu-ahe-eriba, incaricato dal re in persona, a ipotizzare che, date le circostanze, possa trattarsi di una nuova categoria di spettri: gli spiriti della scrittura. Da questa intuizione muove la sua indagine. Un'inchiesta che porterà l'erudito a conclusioni sconfortanti. Gli effetti prodotti sull'individuo dagli spiriti della scrittura sono devastanti: repentino calo della vista, calvizie incipiente, paralisi spirituale. Appare chiaro che Nakajima è afflitto dal morbo flaubertiano. L'alfabetismo è una condanna che induce a una forma di somatizzazione perniciosa. "Se pensiamo di essere noi a usare la scrittura per i nostri libri" conclude l'erudito assiro "ci sbagliamo di grosso. Siamo noi a essere sfruttati come schiavi dagli spiriti della scrittura. Ma la cosa più grave è che i danni causati da questi spiriti sono terribili."

La scrittura come maleficio è il tema anche di uno dei suoi racconti più famosi: *Cronaca della luna sul monte.* Il giovane talentuoso poeta Li Zheng viene trasformato in una tigre sanguinaria e omicida. La metamorfosi si deve soprattutto al tradimento della sua vocazione artistica. Nei rari momenti di lucidità, quando la bestia sanguinaria in cui si è trasformato gli dà tregua, lasciando emergere la residua umanità, è il primo ad ammetterlo: "In verità, in me non v'erano altro che la paura meschina di scoprire che il mio talento era in fondo molto scarso, e la pigrizia che mi faceva evitare di impegnarmi".

Come si vede, la maledizione della scrittura segue un doppio binario: se lasciarsi andare a essa ti espone al rischio di impazzire, non prenderla seriamente ti condanna alla marginalità. Il racconto in cui Nakajima meglio esprime questo concetto è anche il più bello e compiuto che abbia mai scritto: s'intitola *Li Ling* e narra le vicende di alcuni valorosi condottieri che parteciparono alla sanguinosa guerra del 133 a.C. tra la dinastia Han e la confederazione nomade degli Xiongnu. È questo il contesto in cui si compie il tragico destino del dotto storico Re Xiang. Punito dall'imperatore per le sue idee con l'evirazione, il povero Re Xiang medita di togliersi la vita. "Gli fu infine concesso di tornare a casa. Durante il domicilio coatto si accorse di essersi dimenticato, in quel mese di disperazione folle, del lavoro della sua vita: la compilazione della storia. Ma si trattava di un oblio solo apparente: così capì che era stato l'attaccamento inconscio a quel lavoro a impedirgli il suicidio." Ancora una volta la scrittura si configura allo stesso tempo come atto vitale e rifugio agli oltraggi inflitti dalla vita. "Dopo cinque anni, Sima Qian riprendeva in mano il pennello. Non c'era in lui né gioia né eccitazione: come un viaggiatore diretto verso la meta trascina con sforzo i piedi feriti, egli continuava nella stesura con gran fatica, spinto solo dalla volontà di completare l'opera." Una disciplina che lo conduce a una consapevolezza che per certi versi lo trascende e che riguarda chiunque abbia scelto di consacrare la propria esistenza alla compilazione di un'opera importante: "Dopo un anno di questo sforzo sovrumano, finalmente scoprì che anche se aveva perso la gioia di vivere, sopravviveva in lui la gioia di esprimersi".

Il piacere della difficoltà

Come può un piacere trasformarsi in maledizione? Come può la gioia di scrivere tramutarsi in tormento? La questione è vecchia e annosa; per svolgerla al meglio occorre chiamare in causa uno che di certe cose se ne intendeva: il poeta e saggista francese Paul Valéry. In un ricordo dedicato al suo mentore Stéphane Mallarmé, Valéry si scaglia contro i lettori e gli scrittori che chiedono alla letteratura del mero intrattenimento: "D'altra parte, poiché in fin dei conti il compito della letteratura è divertire e di *far passare il tempo*, non si possono esigere sforzi, invocare la volontà; qui trionfa la convinzione, forse ingenua, che piacere e difficoltà si escludano reciprocamente". Al di là della polemica i cui obiettivi sono fin troppo chiari, a colpirmi è la chiosa in cui Valéry mette in relazione due sostantivi astratti apparentemente inconciliabili come "piacere" e "difficoltà". Chi lo dice, si chiede Valéry, che il piacere letterario non possa scaturire proprio dalla difficoltà di composizione e di fruizione? Chi lo dice che un testo chiaro produca più gioia di un testo oscuro? Chi lo dice che godere significhi capire? "Quanto a me" conclude, "confesso che non colgo quasi nulla d'un libro che non mi opponga resistenza." Valéry vede in Mallarmé il Maestro che più di qualsiasi altro ha contrastato con la prassi di una poesia ostica e preziosa gli alfieri del piacere immediato. Mallarmé ha insegnato ai suoi pochi raffinati lettori che il godimento artistico è inestricabilmente legato alla fatica e alla difficoltà.

> Ma vi è di più: offrire al pubblico quegli enigmi di cristallo; introdurre, nell'arte di piacere e di commuovere tramite il linguaggio, tali insiemi di vincoli e di grazie faceva supporre, in chi osava farlo, una forza, una fede, un ascetismo, un disprezzo dell'opinione comune, senza esempi nelle Lettere,

e che ne cancellavano tutte le opere meno superbe, e tutte le intenzioni meno rigorosamente pure – vale a dire, *quasi tutto*.

In un certo senso la rivoluzione prodotta da Mallarmé nella poesia fa il paio con l'innovazione apportata da Flaubert all'arte del romanzo. Se Flaubert invoca la "parola giusta" – la sola capace di esprimere una certa sfumatura di senso o di colore –, Mallarmé aspira alla "parola sacra" che sappia "rappresentare il mistero di ogni cosa attraverso il mistero del linguaggio". Se l'utopia di Flaubert consiste nel raggiungimento della precisione, l'utopia di Mallarmé si pone come obiettivo un ideale ancora più irraggiungibile: la perfezione metafisica. Concezioni diverse, non lo nego, ma per molti versi contigue, e comunque dettate da aspirazioni inattuabili. Ad assimilarle, inoltre, è il martirio che si infligge chi le persegue senza scorciatoie. Non deve stupire che questi due autori così naturalmente ispirati fossero tanto refrattari ad abbandonarsi all'ispirazione. Sia per l'uno che per l'altro l'arte era una faccenda troppo seria e complicata per esaurirsi nell'estasi dell'istante felice. Non ha senso affermare che non credano nel potere dell'ispirazione, è più corretto asserire che vogliano subordinarla ai tormenti del lavoro. Dotati della stoffa del filologo, credono nel potere oracolare della parola. "Mallarmé" scrive Valéry "ha capito il linguaggio come se lo avesse inventato." Altrettanto si può dire di Flaubert. La sensazione di artificio che la poesia dell'uno e la prosa dell'altro suscitano nel lettore benpensante dipende proprio da questa ricerca inesausta di un linguaggio adeguato alla letteratura, e quindi opposto a quello della vita di tutti i giorni. Il preziosismo di cui li si accusa è l'effetto collaterale prodotto da una concezione esclusiva della scrittura. Uno scrittore vero, a meno che non glielo impongano certe specifiche circostanze, oppone alla lingua ordinaria una lingua tutta sua, creata a immagine e somiglianza della propria interiorità. Da qui il giudizio di Valéry sulla poesia di Mallarmé di cui mi approprio volentieri per esprimere ciò che mi suscita la prosa di Flaubert: "Nessuna opera trasparente e facile mi ha mai offerto qualcosa di altrettanto grande".

I romanzieri di piacere

Ma si farebbe un torto ad autori di tutt'altra pasta se si negasse che il piacere possa provenire da fonti ben più genuine. Non è detto che la scrittura debba essere per forza un supplizio. La si può vivere e intendere in modo opposto, come diletto e passatempo edonista, come mezzo per lasciarsi andare, evadere dal quotidiano o reinventare se stessi. Credo di non sbagliarmi nel dire che così la vivessero e la intendessero, sebbene per ragioni diverse, sia Jane Austen che Stendhal.

Sulle sfavorevoli condizioni materiali in cui Austen fu costretta a lavorare (in semiclandestinità, nei ritagli di tempo, in un cantuccio ricavato dal salotto comune) ha scritto pagine definitive Virginia Woolf nel famoso *Una stanza tutta per sé*. Se ne parlo non è certo per aggiungere la mia voce al coro d'indignazione che da un secolo ormai non smette di risuonare nelle coscienze di chiunque abbia a cuore i diritti civili, ma solo perché mi pare che le suddette limitazioni, inflitte da un contesto sociale retrogrado e maschilista, fornirono a Austen l'opportunità di attendere ai suoi romanzi con la libertà, la grazia, la sfrontatezza concessa ai dilettanti (come vedremo, anche se per ragioni diverse, si può dire altrettanto di Stendhal). È la stessa Woolf a notare come *Amore e amicizia*, l'incantevole racconto epistolare scritto da Austen a soli quindici anni, avesse l'intento "di divertire i compagni di scuola". Benché Woolf tenga a precisare che tale fine era del tutto apparente, dato che lo scopo effettivo era scrivere "per tutti, per nessuno, per la nostra epoca, per la sua", è la prima a riconoscere che quegli acerbi palpiti di genio perseguivano l'obiettivo di intrattenere la ristretta cerchia di parenti e amici cui erano rivolti. Benché la sorte editoriale riservata ad alcuni suoi lavori fu abbastanza fausta da garantire loro le lodi di Walter Scott e lo scherno dei benpensanti, Austen non rinunciò mai al suo statuto di scrittrice di piacere. Ciò spiega come mai quei romanzi provochino ancora oggi, persino nel lettore smaliziato, un così delizioso godimento. Come resistere alla malia esercitata dalla prosa olimpica, gli intrecci sapienti, le inappuntabili strutture narrative? Un cocktail talmente inebriante da confortare l'idea nabokoviana secondo cui un capolavoro romanzesco coniuga l'esattezza dello scienziato alla destrezza dell'illusionista.

E tuttavia solo un lettore svogliato o incompetente potrebbe liquidare quei romanzi come oziose divagazioni intorno al medesimo tema. L'evoluzione stilistica e morale compiuta in una quindicina d'anni di carriera, da *L'abbazia di Northanger* a *Persuasione,* è talmente netta da prefigurare sviluppi imprevedibili che solo la morte prematura riuscì a vanificare. L'importanza che Austen attribuisce alle schermaglie amorose, alle controversie patrimoniali, i fatui riti di società sono uno specchietto per le allodole. Il fine che la anima è decisamente più ambizioso: l'osservazione austera dei vizi che affliggono le persone. Per dirla con Edmund Wilson: "Quella freddezza, pazienza, ponderatezza, quella distensione mentale di uno scrivere fine a se stesso che le consentirono di diventare una grande artista".

Neppure Flaubert, con tutte le sue ansie stilistiche, riuscì a raggiungere risultati altrettanto ragguardevoli. Quanto a sapienza compositiva, solo le opere migliori di Tolstoj possono competere con i romanzi di Jane Austen. A tale idea di perfezione contribuisce di certo la natura fiabesca delle sue storie. Non sono molti i romanzi realisti capaci di fornire al lettore le soddisfazioni che di solito rendono così ovvi e trascurabili i romanzetti di intrattenimento: felicità imperitura per le eroine virtuose e punizioni severe per i reprobi. Ma ben lungi dal rappresentare un limite, gli happy end di Austen conferiscono ai suoi olimpici marchingegni narrativi una felicità mozartiana. C'è chi ancora oggi le rimprovera una certa ristrettezza di orizzonti; chi giudica fin troppo gretta l'aspirazione delle sue eroine a trovare un equilibrio tra istanze romantiche e upgrade sociale, tra propositi coniugali e prosperità finanziaria. Si tratta di pregiudizi, questi sì davvero gretti, che non tengono conto di quanto il piccolo ecosistema sociale che Austen esplora in lungo e in largo contenga in vitro i germi del grande romanzo ottocentesco: snobismo, conflitti di classe, rovelli morali. Guai a non prendere sul serio il suo sguardo ironico e disincantato, guai a sottovalutare la sua inflessibilità morale. Il piacere che lei traeva dallo scrivere comprende non solo l'uso disinvolto dell'indiretto libero, l'attenzione rivolta ai personaggi minori, la precisione delle architetture narrative, lo spumeggiante umorismo dei dialoghi, ma anche e soprattutto la strabiliante capacità di leggere il cuore umano e la severità dei giudizi che in alcune circostanze non lesinano indignazione e sarcasmo.

Credo che qualcosa di analogo si possa dire di Stendhal. Sordo a ogni ricercatezza stilistica, incapace di conferire ai suoi romanzi la sublime armonia austeniana, Stendhal è animato da analoghi impulsi edonisti. Niente lo rappresenta meglio della qualifica di "dilettante". Il termine va inteso nella sua doppia accezione: di non professionista e di chi agisce per il proprio esclusivo piacere.

Per più di una ragione lui rappresenta l'antitesi speculare a Flaubert. Se quest'ultimo, infatti, ha studiato da romanziere sin dalla prima adolescenza, Stendhal arriva al romanzo tardi, alla soglia dei quarantacinque anni, e considerando il valore non eccelso di *Armance*, la sua opera di esordio, con risultati maldestri. Se Flaubert è sempre lì a elucubrare sul nucleo della sua vocazione – lo fa per lettera, ne parla agli amici, ne discute con i colleghi parigini –, Stendhal, sulla questione, si mostra decisamente più reticente. In un certo senso si può dire che lui diventi romanziere per caso, per un accidente della sorte e comunque *malgré lui*. Dopo aver sognato una carriera di drammaturgo (all'epoca più promettente, rispettabile e lucrativa), dopo essersi gingillato con opere di carattere compilativo, per buona parte frutto di plagio, ripiega sul romanzo. Una scelta matura, se non proprio senile, con cui faticherà a scendere a patti fino alla fine. Se Flaubert impiega anni a scrivere un romanzo, sottoponendosi al calvario di mille progetti preparatori, documentandosi allo stremo e infliggendosi atroci ubbie di ordine formale, Stendhal si distingue per la sua stupefacente rapidità di esecuzione e per il sostanziale disinteresse per la bella scrittura. Se Flaubert è ossessionato dallo stile, Stendhal mette le sue frasi svelte al servizio di storie avvincenti e improbabili. Come avrebbe notato Paul Valéry (uno stendhaliano che non ti aspetti), a incantare di questa prosa è il "tono".

Di che tono si tratta?

> Vivacità a ogni costo; scrivere come si parla se si è un uomo di spirito, con allusioni anche oscure, tagli, sbalzi e parentesi; scrivere quasi come si parla, mantenere il ritmo d'una libera e allegra conversazione; spingersi talvolta sino al nudo monologo; sempre e dovunque, evitare lo stile poetico, e far sentire che lo si evita, che si sta sventando la frase *per sé*, la quale, grazie al ritmo e alla struttura, suonerebbe troppo pura e troppo bella, apparterrebbe insomma a quel grande stile che Stendhal schernisce e detesta e nel quale non vede che affettazione, posa, secondi fini niente affatto disinteressati.

In parole povere, il tono confidenziale del crooner e lo stile scucito, disteso e informale raccomandato da Montaigne.

In una celebre lettera dal suo esilio di Civitavecchia (tale lo considera), dove ricopre la carica di console, Stendhal confessa: "Ah, perché non ho una casuccia a millecinquecento franchi in rue Saint-Roch! Qui sto bene, ma muoio di noia. Il vero mestiere dell'animale è scrivere un romanzo in una soffitta, e io preferisco il piacere di scrivere a quello di portare un abito ricamato che costa ottocento franchi". È ciò che farà qualche anno dopo, nel suo rifugio parigino di rue Caumartin. È lì che attenderà alla scrittura della *Certosa di Parma*: dando retta al mito, per finirlo impiegherà cinque settimane, più o meno il tempo necessario a Flaubert per buttare giù una manciata di paragrafi. La lingua per lui non costituisce né un intralcio né un grattacapo. A dispetto di Flaubert e Mallarmé, Stendhal non considera il francese letterario un fine, bensì uno strumento. Ad animarlo è l'urgenza del racconto. Per questo quando lo leggi avverti il divertimento e la commozione di chi non può fare a meno di perdersi nelle sue fantasie romantiche. Il sentimento che genera la lettura di un romanzo di Stendhal è ben spiegato da André Gide in una felice prefazione ad *Armance*:

> Per parlare adeguatamente di Stendhal, bisognerebbe fare un po' come lui. A suo dire, egli si mette a scrivere quasi sempre per noia; ma poi nello scrivere prova un tale piacere, che solo il piacere si comunica al lettore, non la noia iniziale. Nessun rovello di scrittura: tutto ciò che dice cade giusto al momento che piace a lui, cioè col minimo sforzo. Come certi che si abbandonano alla pigrizia, Stendhal si abbandona al pensiero. Se è logico, lo è naturalmente, per una sorta di salute intellettuale: non pretende di esserlo, come non pretende di essere alcunché. E se smette di essere logico, proprio allora risulta più divertente: in primo luogo perché lo trascina la passione e ancor più quella sensibilità che in lui è più acuta della stessa ragione; e, in secondo luogo, perché la logica appartiene a tutti, mentre questa sensibilità appartiene soltanto a lui, ed è proprio lui che amiamo, attraverso ciò che dice.

Mentre ne scrivo mi chiedo se non sia lui il solo autore degno di essere incluso in questo capitolo. Nessuno più di Stendhal si è meritato sul campo i galloni del romanziere di piacere. Per trovare spiriti a lui affini, bisogna rivolgersi a un altro tipo di autori assai più votati all'avventura. Per lo stesso motivo, Stendhal faticherebbe a trovare uno spazio nei capitoli precedenti. La sua previsione un po' matta (ma straordinariamente profetica) che il successo gli avrebbe arriso parecchi decenni dopo la morte lo liberò anzitempo dai tarli della vanità. Pur sentendosi un predestinato – prima o poi avrebbe imbroccato il capolavoro –, non coltivò sogni di gloria, o per meglio dire non lo fece mai in un modo convenzionale. Tutto si può dire di lui tranne che scrivesse per senso di responsabilità; a spingerlo era semmai un'incoscienza franca e impertinente. Quanto all'odio, benché i suoi romanzi siano pieni di personaggi spregevoli (gesuiti, borghesucci, biliosi signorotti) il modo in cui Stendhal li rappresenta non indulge mai al livore di un Balzac, un Flaubert o un Maupassant. L'uomo era troppo ironico e scanzonato per farcire i suoi ritratti di risentimento. Il cinico disincanto che emerge da ogni suo libro non è mai disgiunto da uno schietto amore per la vita e per la bellezza. Grazie al cielo, a vantaggio di noi lettori, Stendhal non riesce a liberarsi dal suo struggente sentimentalismo.

Si ha un bel considerarlo un realista. Ammesso che lo sia, lo è in un modo eccentrico. La cura che pone nel registrare le passioni umane, senza eufemismi e reticenze, è senza dubbio realistica, così come l'attenzione prestata a certi esecrabili contesti sociali (soprattutto ne *Il rosso e il nero*). A distinguerlo dagli altri grandi romanzieri della sua generazione è l'istinto all'avventura che lo spinge a concepire il romanzo come unica via di fuga a disposizione di chi ritenga che per essere felici la vita non sia sufficiente. I protagonisti in cui ama identificarsi – Octave, Julien, Fabrice – hanno ben poco a che spartire con il pingue signore di mezza età in cui si è trasformato. Come ha scritto uno stendhaliano di lungo corso come Victor Brombert a proposito della *Certosa*: "L'intero romanzo è concepito sotto il segno della giovinezza perduta, riconquistata attraverso il ricordo e la passione". Ed è proprio in questa riconquista che si esprime il piacere di scrivere, un godimento talmente naturale da contagiare chi legge. Proprio come al lettore comune di romanzi, infatti, la realtà nuda e cruda va stretta a Stendhal. La sua inclinazione al romanzesco è più affine a certi narratori del diciottesimo secolo che a quelli del diciannovesimo. Secondo Michel Crouzet: "La posta del romanzo in quanto genere è il romanzesco, assunto come oggetto di fede, come tavola di valori, come affermazione che l'uomo è qualcosa di più della sua realtà concreta; se il romanzo di Stendhal, e più in generale del XIX secolo, pone il problema in quanto tale, non è perché 'riflette' se stesso, ma perché nasce da un'adesione assoluta al romanzesco inteso come valore supremo".

Un commento che sembra attagliarsi a un altro meraviglioso romanziere di piacere: Charles Dickens. A scanso di equivoci trovo giusto precisare che le affinità che lo legano a Stendhal finiscono qui. Altro che dilettante! Dickens incarna il prototipo del romanziere di professione, una categoria umana che nel secolo alle porte troverà il modo di prosperare. In ciò assai più affine a Balzac, Dickens coltiva l'ambizione di vivere di quel che scrive, e dato che quel che scrive si vende – eccome se si vende! – vive piuttosto bene. Dickens è uno dei primi romanzieri seri (anche se molti colleghi della sua cerchia sono restii a considerarlo tale) a saper sfruttare al meglio le opportunità offerte dal capitalismo in ascesa. A proposito delle sue opere in edizione economica, scrive non senza volgarità: "L'autore in carne e ossa trarrà da una loro più ampia diffusione motivo di orgoglio e d'onore, non disgiunti da più ricchi emolumenti personali".

Ben presto, tra parecchi alti e sporadici bassi, il giro di affari garantito dalle tirature dei suoi romanzi raggiunge le proporzioni di una prospera impresa di famiglia. Tutto questo a costo di un duro lavoro che, occorre dirlo, di piacevole ha ben poco. Tolte le occupazioni accessorie e supplementari – giornalismo, editoria, militanza civile, conferenze, tournée teatrali in patria e all'estero –, Dickens assolve ai suoi obblighi artistici con solerzia e disciplina marziali. Sveglia alle sette in punto, colazione frugale e giù a scrivere fino alle due del pomeriggio, cascasse il mondo. Le scadenze imposte dalla pubblicazione a puntate gli infliggono turni di lavoro industriali e sovrumani sforzi di immaginazione. Consapevole di ciò che il cospicuo pubblico dei suoi romanzi a puntate attende con trepidazione, si impegna a scioccarlo con svolte romanzesche spettacolari e colpi di scena implausibili. Il numero di infanticidi di cui le sue mani di scrittore si macchiano fa concorrenza a quello di un serial killer: dalla piccola adorabile Nell de *La bottega dell'antiquario*, passando per Paul di *Dombey e figlio*, fino a Dora di *David Copperfield* e al povero spazzino Jo di *Casa desolata*.

Dopo il clamoroso successo di vendite di *Canto di Natale*, dedica i tristi autunni londinesi alla stesura delle sue edificanti fiabe natalizie. L'anno in cui i troppi impegni glielo impediscono si dichiara "riluttante all'idea di perdere il denaro e di lasciare uno spazio vuoto accanto ai focolari natalizi". Insomma, secondo l'idea flaubertiana di integrità artistica, Dickens è un vero filisteo.

E cionondimeno scrivere gli piace più di quanto piaccia all'inflessibile Flaubert. Lavorare alle sue frasi tornite e fiammeggianti lo eccita, dà senso alle sue giornate intense e piene di cose. La disciplina che si impone non gli impedisce di mettere al mondo un esercito di figli, di investire in borsa e di acquistare la casa dei suoi sogni. Come confida all'amico di una vita Thomas Beard, parlando di sé in terza persona con civetteria: "La scrivania è disposta con il nitore tipico del tuo stimabile amico e il mobilio in ogni stanza è stato del tutto riorganizzato dal medesimo personaggio straordinario". Ordine e limpidezza, certo, ma con un supplemento di lussi domestici di cui il buon borghese non può fare a meno. Queste le condizioni preliminari per mettersi alla scrivania. In controtendenza con l'estetica dei suoi contemporanei – il gusto vittoriano per la sobrietà, la penombra e le tinte equilibrate –, Dickens ama l'opulenza, la luce abbacinante del mattino e i colori rutilanti dell'arcobaleno. Un gusto del variopinto che non disdegna il kitsch e che ritroviamo in ogni sua frase. Il paradosso è che questo amore per la luce lo rende un cantore oltremodo efficace delle tenebre. Così come molto spesso la ricerca inesausta del paradiso lo spinge a intraprendere foschi viaggi nel mondo degli inferi (si vedano le prime pagine di *Grandi speranze* e di *Casa desolata*).

So che molti lettori amano Dickens per le sue storie soffuse di patetismo, per le sparate gonfie di umori e sentimentalismo, per gli orfani bistrattati da precettori crudeli o avidi usurai. So che molti lettori vanno pazzi per le avventure picaresche, le svolte sensazionali, i formidabili coup de théâtre. Io no. La ragione per cui torno a Dickens spesso e volentieri, soprattutto quando sono di malumore, è la sua straordinaria esuberanza stilistica: lo splendore della sintassi, il ricorso ossessivo all'anafora, la cornucopia di aggettivi bizzarri. Un esempio? Eccone un paio, tratti da uno dei miei romanzi preferiti, *Il nostro comune amico*:

> Il signore e la signora Veneering erano gli abitanti nuovi fiammanti di una casa nuova fiammante in un quartiere nuovo fiammante di Londra. Tutto da loro era nuovo fiammante.

E ancora:

> Il signor Podsnap era ricco e aveva un'alta opinione di sé. Aveva cominciato con una bella eredità, aveva sposato

un'altra bella eredità, si era fatta una straordinaria fortuna con le Assicurazioni Marittime, ed era proprio soddisfatto. Perché non tutti fossero soddisfatti, non era mai riuscito a capirlo; quindi era ben consapevole che il fatto di essere soddisfatto di tutte le cose, ma in primo luogo di se stesso, costituiva un brillante esempio sociale.

Scrive così solo chi non può fare a meno di abbandonarsi al piacere e al divertimento. Ogni immagine da lui creata è un tributo versato alla sua vena gaudente e edonista. Come non condividere quanto scrive a proposito di *David Copperfield* quell'irriducibile dickensiano di G.K. Chesterton? "Non c'è praticamente una sola frase che non sia piena di feroce vitalità e di immaginazione. Quando è noioso, non lo è quasi mai perché gli è mancata l'ispirazione, ma perché, preso da un'esaltazione puerile o da un calo momentaneo di giudizio, si è fatto prendere da un'idea che non valeva la pena seguire."

Del resto, di ammiratori d'eccezione Dickens ne vanta parecchi. Non deve sorprendere che anche un critico raffinato e inflessibile come Edmund Wilson, cantore del simbolismo, ammiratore di Joyce e di Proust, tributi a Dickens gli onori che merita: "Dickens, se evidentemente non può pretendere a quel rango in cui Shakespeare ha pochi compagni, è tuttavia il più grande scrittore drammatico che gli Inglesi abbiano avuto dopo Shakespeare, e colui che ha creato il mondo più ampio e più vario".

Il paragone con Shakespeare, benché espresso con cautela e i necessari distinguo, è tutto fuorché peregrino. Così come quello non meno vertiginoso che si potrebbe azzardare chiamando in causa James Joyce. Naturalmente si tratta di spiriti assai diversi tra loro, per epoca, temperamento e ambizioni, ma accomunati da un'idea barocca della letteratura. Per divertire il pubblico, per esaltarlo con le tue trovate, devi conoscere l'arte rara di scrivere con piacere e meraviglia.

CONOSCENZA

Vite parallele, ma non troppo

Sin dalla prima infanzia di lettore (che sul piano anagrafico corrisponde a una precoce adolescenza musona e solitaria) ho sempre riscontrato una parentela tra i due narratori che già allora, restringendo il campo al mio secolo, consideravo di diverse spanne superiori a chiunque altro. Sto parlando di Franz Kafka e di Marcel Proust.

Più di una volta nel corso degli anni sono stato tentato dall'idea di scrivere qualcosa che desse conto di questa contiguità. A impedirmelo non è stato solo il ritegno ermeneutico, ma anche la convinzione che certi raffronti siano velleitari. Che senso ha porre sullo stesso piano esperienze artistiche antitetiche? A cosa serve allestire paragoni giocati su aleatorie affinità caratteriali e biografiche, su condizioni emotive non del tutto dissimili? Perché affannarsi su un esercizio dagli esiti così incerti? Ancora oggi nella suddetta comparazione non ravviso alcun incremento alla comprensione dell'uno e dell'altro. A rendere il tutto ancora più imbarazzante c'è la barriera linguistica. Non potendo leggere Kafka in originale, non ho la possibilità di pronunciarmi in modo adeguato sulla sua prosa. Come mi è stato spiegato da amici germanisti cui ho sottoposto la questione, la scrittura di Kafka ha un timbro del tutto peculiare: un fraseggio che in quanto a rigore e nitidezza non ha niente da invidiare allo stile flaubertiano. Come ha scritto Nabokov, ammiratore di entrambi: "A Kafka piaceva attingere le parole dal linguaggio giuridico e scientifico e dar loro una sorta di precisione ironica, senza intrusione di sentimenti personali, e questo era precisamente il metodo con il quale Flaubert aveva conseguito una singolare efficacia poetica".

Nell'accingermi a quest'ultima divagazione, conscio dei rischi che corro, mi affido volentieri a un altro lettore d'eccezione: Elias Canetti. È un conforto per me constatare come nei suoi appunti non sia raro imbattersi in paragoni tra Kafka e Proust: scrittori che, insieme a James Joyce, formano per Canetti una sorta di troica imprescindibile, i pilastri del Novecento.

"Il mondo delle parole, delle sensazioni e del dubbio: Joyce, Proust e Kafka." Così annota il 28 gennaio del 1948. Come dire: chiunque voglia fare lo scrittore e voglia farlo seriamente, non può non partire da qui, da questi tre giganti solitari. Qualche anno dopo, tornando sulla questione, Canetti preciserà: "È sorprendente che alcune importanti opere letterarie del nostro secolo siano così personali: Proust, Joyce e Kafka, anche se profondamente diversi l'uno dall'altro, hanno questo in comune, l'esser rimasti così vicini a sé stessi, alla loro esperienza concreta". Canetti confessa di nutrire per loro una venerazione "pari solo a quella per qualcuno dei classici del passato".

Poiché le note di Canetti non vanno mai oltre questi generici attestati di ammirazione, temo che toccherà a me, con la dovuta cautela, entrare nel merito, circoscrivendo l'indagine a Kafka e Proust.

Per farlo sento la necessità di muovere da un'inoppugnabile considerazione empirica. Per ragioni affatto diverse, la maggior parte di ciò che hanno scritto è venuta alla luce solo dopo la loro morte.

Più giovane di un decennio, Kafka muore due anni dopo Proust, nel 1924. Lungi dall'essere considerato uno scrittore imprescindibile, il povero Franz è apprezzato come un dilettante delle lettere dal talento surreale e stravagante. Gode della stima di Mann, Rilke e Musil. Vanta un'amicizia ambigua con il coetaneo e decisamente più fortunato Werfel. Ma con l'esclusione della cerchia di ammiratori devoti capitanata da Max Brod, l'amico di una vita, non sono molti i pazzi disposti a scommettere sulla sua gloria postuma. Se non per un paio di raccolte in volume e una manciata di racconti usciti su rivista, la sua opera – composta da tre romanzi incompiuti, un ricchissimo epistolario e il diario che tenne dalla tarda primavera del 1910 all'estate del 1923 – è fino ad allora inedita, e quindi sconosciuta al largo pubblico di lingua tedesca.

Quando Proust muore, a cinquantuno anni, in seguito a complicazioni polmonari, la *Recherche* è ancora in corso di pubblicazione. I cosiddetti scritti minori languono nei cassetti, testimoni dello sforzo compiuto da Marcel per trovare una voce adeguata alle sue necessità espressive e alle ambizioni artistiche. Come, del resto, la monumentale corrispondenza, comunque non all'altezza di quella di Kafka. A dispetto del collega praghese, Proust ha avuto modo, negli ultimi anni di vita, di assaggiare la mela avvelenata del successo tardivo. Ma la sua fama postuma è ancora traballante, minacciata da pregiudizi da cui faticherà a liberarsi: se sulla vittoria del Goncourt gravano sospetti, peraltro legittimi, di brogli e intrallazzi, la sua reputazione artistica è minata da accuse di passatismo decadente.

Molto si potrebbe dire, e molto si è detto, sulla renitenza alla pubblicazione che unisce Kafka a Proust. È evidente che con un po' più di ostinazione, sia l'uno che l'altro avrebbero potuto dare alle stampe il resto della loro opera in vita. Grazie a relazioni preziose e alla stima di colleghi e editori, entrambi avrebbero potuto investire sulla diffusione dei loro libri con maggiore scaltrezza e determinazione.

Da un punto di vista letterario la carriera di Proust fu rallentata dalla ricerca inesausta di uno stile. È un errore considerare gli scritti giovanili come un corpus a sé. Con l'eccezione de *I Piaceri e i giorni*, il calligrafico libretto di esordio, tutto il resto – dal *Jean Santeuil* ai *Pastiches*, dalle traduzioni al *Contro Sainte-Beuve* – va considerato come un tentativo abortito, un inesausto girovagare alla ricerca del contesto narrativo necessario a esprimersi. Più che propedeutici alla *Recherche*, quei primi brogliacci narrativi ne costituiscono l'infanzia promettente e l'adolescenza scapestrata.

Il caso Kafka presenta caratteristiche tutt'affatto diverse. Dopo la prima incerta raccolta di racconti, il tour de force che in una sola notte insonne gli consente di scrivere *La condanna* rappresenta una cesura nella sua vita e carriera di scrittore (come vedremo, sono la stessa cosa). Tutto quello che scriverà in seguito è illuminato dalla grazia e dal tormento del genio. Peccato che, a differenza di Proust, la sua ispirazione abbia il fiato corto. Kafka scrive di getto, fomentato da accessi di entusiasmo che si esauriscono rapidamente. La fiducia incrollabile nell'ispirazione lo porta a mollare, sul più bello, progetti che, con un po' di mestiere, potrebbe condurre a termine senza sforzo. Nessun altro scrittore alle prese con la compilazione di romanzi del calibro de *Il disperso* e *Il processo* si farebbe scoraggiare da un repentino calo di tensione. Kafka sì. Quando la musa lo blandisce, lui le si concede con trasporto. Ma basta che lei si distragga un attimo, volgendo gli occhi altrove, perché Kafka ne assecondi i capricci e getti la spugna.

Prima di continuare, mi preme chiarire che non intendo in alcun modo accreditare il mito romantico che vede in Kafka e Proust anime belle disinteressate alla gloria. Come testimoniano gli epistolari, sia Kafka che Proust non erano insensibili alle lusinghe del successo. "Proprio ora che stava riempiendo i cassetti con fascicoli di pagine fitte di scrittura" scrive Stach nella biografia dedicata a Kafka "non avrebbe saputo dire se era contento del semplice atto di scrivere. A quale scopo faceva tutto ciò, per chi? Parlava del suo lavoro notturno come di un 'dovere'. Ma il fatto stesso che continuasse a provare piacere per la lettura pubblica contraddice l'idea di un dovere in senso protestante, un dovere che non ha bisogno di testimoni."

Quanto a Proust, basta dare un'occhiata alle lettere indirizzate a Gaston Gallimard, André Gide e Jacques Rivière per capire quanto il destino editoriale dei suoi romanzi gli stesse a cuore.

Ciò che lo assimila a Kafka, allora, non è il disinteresse per la fama, bensì la consapevolezza che la pubblicazione non sia il fine ultimo di chi scrive, ma tutt'al più un effetto collaterale o un diversivo, non per forza spiacevole ma denso di insidie. Nelle sue memorie, il grande editore tedesco Kurt Wolff parla di Kafka come di un essere la cui originalità si esprimeva in una bizzarra inclinazione all'autosvalutazione artistica. Pare che una volta Kafka gli abbia detto: "Le sarò sempre più grato della restituzione dei miei manoscritti che non della loro pubblicazione".

Una cosa è certa. Niente è più lontano dall'orizzonte di Kafka e di Proust che una concezione professionale della scrittura. Per quanto strano possa sembrarci, i due massimi narratori del Novecento non sono mai riusciti a scrollarsi di dosso lo stigma del dilettantismo. Una constatazione che ne autorizza un'altra non meno paradossale: più prendi sul serio la tua opera, più ne fai una questione di vita o di morte, più sei riluttante a liberartene esponendola al giudizio del mondo. Come se il timore che possa essere fraintesa o addirittura distorta ti inducesse a mille cautele, o come se il dubbio di non averla abbastanza accudita ti togliesse il piacere di esibirla. Che ciò non basti a spiegare il desiderio postumo di Kafka – non del tutto genuino e per fortuna inesaudito – di veder sparire le sue carte dalla faccia della terra. E non spieghi ancor meglio perché, dopo l'uscita del primo volume della *Recherche,* Proust si affannasse a confutare i frettolosi giudizi che gli piovevano addosso, tanto lusinghieri quanto fuorvianti. Altro che libro di ricordi, il suo romanzo era molto di più. In una celebre lettera inviata al critico Jacques Rivière, Proust ribadì il suo punto di vista con orgoglio e accanimento:

> No, se non avessi convinzioni intellettuali, se cercassi soltanto di ricordare il passato e di duplicare con questi ricordi l'esperienza, non mi prenderei, malato come sono, la briga di scrivere. Ma questa evoluzione del pensiero, non ho voluto analizzarla, non ho voluto analizzarla astrattamente, bensì ricrearla, farla vivere.

Questo non è che un esempio del modo in cui Proust cerca di esercitare un controllo sulla ricezione del suo romanzo. Naturalmente si tratta di un'aspirazione velleitaria, che comunque la dice lunga sulle angosce prodotte in lui dalla pubblicazione della *Recherche*, angosce che riguardano solo incidentalmente l'eterna dialettica tra successo e fallimento.

Una prova ulteriore del mistero che aleggia intorno a Kafka e a Proust ci viene offerta dalla filologia. Ancora oggi, a un secolo dalla morte di Franz e Marcel, il lavoro compiuto sugli scartafacci di entrambi, per quanto meticoloso fino all'accanimento, risulta insoddisfacente, pieno di incognite inestricabili, e qualcosa mi dice che tale resterà per sempre.

Il peso insostenibile dei cromosomi

Se non per i precoci problemi di salute, le tare nevrotiche e i gusti sessuali negletti che avrebbero fatto di lui un innamorato troppo spesso oppressivo e quasi mai corrisposto, l'infanzia e l'adolescenza di Marcel furono tutto sommato felici, prospere e ricche di opportunità. Se il padre, Adrien Proust, era un uomo severo, dotato di senso pratico e sordo alle ragioni dell'arte, la madre, Jeanne Weil, era una donna dall'affettività morbosa e dalle spiccate inclinazioni letterarie. Figlia di ricchi agenti di cambio ebrei, trasmise al figlio maggiore ideali di vita adeguati al rampollo di una famiglia dell'alta borghesia francese: buone scuole, lunghe villeggiature, frequentazioni intellettuali o altolocate. Fu durante gli anni di liceo che il giovane Marcel, studente spigliato e facondo, contrasse quel vizio sociale che un giorno avrebbe costituito il cardine morale della sua opera maggiore: lo snobismo. Al contrario del suo gemello ceco, nessuno pretese da Marcel che intraprendesse qualche remunerativa professione borghese. L'inabilità inflitta da condizioni di salute a dir poco precarie e i vantaggi offerti dal cospicuo patrimonio accumulato dai genitori gli consentirono di vivere di rendita fino alla fine. Una circostanza oltremodo vantaggiosa, che avrebbe dovuto permettergli – alla stregua di Henry James, un altro privilegiato – di consacrarsi totalmente alla scrittura. Non fu così. Il suo tirocinio artistico si protrasse oltre la soglia della giovinezza, tra fatiche, indolenze, indecisioni e false partenze. Marcel dovette attendere la mezza età e la morte dei genitori per trovare il bandolo della matassa: da quel momento in poi, e fino al giorno della morte, non smise più di sbrogliarlo vivendo solo e per conto della *Recherche*.

Sul piano pratico, lo spazio di manovra riservato a Kafka fu decisamente più risicato. Sebbene anche lui provenisse da una famiglia tutto sommato benestante – il padre era un commerciante di successo –, non gli fu concessa alcuna deroga agli impegni imposti da una buona famiglia ebraica. Preda di mille turbe igieniche, alimentari e sessuali, condusse una tormentata vita impiegatizia, alla ricerca costante di oasi di pace che gli consentissero di dedicarsi alla scrittura. I due eventi che lo segnarono furono il matrimonio mancato con Felice Bauer e la diagnosi di tubercolosi che nel giro di pochi anni lo avrebbe condotto precocemente alla tomba. Se il primo lo iniziò ai supplizi dell'ingiustizia umana e della mortificazione sociale (temi ricorrenti nei romanzi e nei racconti migliori), la seconda gli permise di chiudere una volta per sempre con la vita attiva.

Insomma, itinerari differenti, e tuttavia dominati da un analogo senso di incompletezza generato (ma ha davvero senso affermarlo?) da un legame irrisolto e inestricabile con le rispettive famiglie. Quando parliamo di Franz e di Marcel, infatti, parliamo di individui condannati a vivere sotto tutela, a rimanere figli ben oltre i limiti imposti dal buon senso, a non raggiungere mai la pienezza dell'età adulta.

Ciò detto, non serve stare lì a interrogarsi su quanto di Hermann Kafka ci sia nella *Lettera al padre* e su quanto di Jeanne Weil ci sia nella *Recherche*. Meglio soffermarsi sulla natura minacciosa, per certi versi demoniaca, di un padre così invadente e di una madre così solerte e protettiva, e sul potere che a distanza di un secolo quei due spettri continuano a esercitare su ogni figlio fragile e risentito.

Le preoccupazioni di Madame Proust in merito al dissennato stile di vita del suo rampollo sono talmente all'ordine del giorno che il primo a dolersene è il diretto interessato. Mi viene in mente la lettera in cui, nel ringraziare la madre della sua squisita ospitalità, Marcel non perde occasione per lamentarsi di Antoine Bibesco, l'amico che durante la suddetta cena lo ha messo in imbarazzo di fronte ai genitori:

> Ho spiegato mille volte a Bibesco che la vostra interpretazione del mio modo di vivere mi avvelena l'esistenza e che, rassegnato come sono a non potervi provare che è sbagliata, la mia giustificata preoccupazione per voi è, sotto ogni profilo, maggiore della vostra ingiustificata preoccupazione per me. Per colmo di cautela, prima di cena gli avevo raccomandato: Niente battute di spirito sulle mance, e niente domande a mio padre, del tipo: Non pensate, signore, che se Marcel si coprisse meno ecc.

Comunque la si voglia intendere – sfogo, invenzione, meditazione filosofica –, la *Lettera al padre* è una pietra miliare della letteratura universale, uno dei più strazianti atti di accusa contro l'autorità paterna che siano mai stati scritti.

Non lasciatevi ingannare dal tono colloquiale, l'incedere dimesso, i riferimenti autobiografici. Per trovare un testo così ricco di risonanze archetipiche occorre tornare indietro di secoli, se non addirittura di millenni: al teatro shakespeariano, ai tragici greci, alla Bibbia. Kafka, di solito così reticente (persino nelle splendide lettere d'amore a Felice e a Milena), con il padre si mostra di una franchezza disarmante. A colpirci è soprattutto il modo in cui Franz parla dei maschi della sua famiglia. "Tu invece" scrive al padre "un vero Kafka in quanto a forza, appetito, potenza di voce, capacità oratoria, autosufficienza, senso di superiorità, tenacia, presenza di spirito, conoscenza degli uomini, e per una certa generosità, naturalmente con tutti i difetti e le debolezze tipici di questi pregi, verso i quali ti sospingono il tuo carattere e, a volte, la tua irascibilità."

Come trattenere il sorriso di fronte a un passo del genere? Il ritratto sbozzato del "vero Kafka" discorda talmente tanto con quello che serbiamo nella mente da suonare ironico e beffardo. Forza, tenacia, presenza di spirito, senso di superiorità non sono le prime qualità che ci saltano all'occhio quando leggiamo Kafka. È lecito chiedersi se la protesta del figlio nei confronti del padre non si realizzi proprio nello stravolgimento di questo ideale di incontinente virilità. D'altro canto, Kafka è talmente consapevole dell'importanza di questa lettera da farcirla di rimandi all'opera narrativa. Come quando ricorda al padre il momento esatto in cui qualcosa, nella sua coscienza di figlio, s'è incrinato per sempre a causa dell'insorgere improvviso del senso di colpa. "Ricordando questa sensazione senza limiti" confessa Kafka, "una volta scrissi di qualcuno: 'Teme che la vergogna gli sopravviva'." Il qualcuno in questione non è altri che Joseph K., il protagonista de *Il processo*. Così Kafka, in poche righe, alludendo a una delle sue opere maggiori, senza peraltro nominarla, stabilisce, o in un certo senso rivendica, il legame inestricabile tra colpa e vergogna.

Una relazione mefitica che Proust, non molti anni prima, aveva indagato alla sua maniera in *Sentimenti filiali di un matricida*, pubblicato su "Le Figaro" nel gennaio del 1907. È in questo intrico di impulsi – colpa, vergogna, rancore omicida – che si rivela la contiguità tra questi due superbi scrittori modernisti. Un'impasse morale esasperata dalla comune discendenza ebraica. Guarda caso, uno dei rimproveri più sferzanti che Kafka rivolge al padre riguarda proprio il giudaismo:

> In fondo la fede che guidava la tua esistenza consisteva nel credere nell'assoluta esattezza delle opinioni espresse da una determinata classe sociale ebraica e quindi, accordandosi queste opinioni con il tuo carattere, nel credere in te stesso. Vi era in questo una sufficiente carica di giudaismo, ma troppo debole per poter essere tramandata a un figlio, si perdeva goccia a goccia mentre la tramandavi. In parte perché si trattava di ricordi personali non trasmissibili, in parte perché si legava alla tua temuta presenza. Era impossibile far capire a un bambino teso a osservare tutto con un'attenzione spasmodica acuita dalla paura, che quei pochi atti senza importanza compiuti in nome del giudaismo con un'indifferenza pari solo alla loro futilità potessero avere un senso più elevato.

Standando alle parole del figlio, il giudaismo paterno non è altro che una formalità, il modesto balzello che l'ebreo assimilato versa alla propria comunità d'origine, dietro al quale è impossibile scorgere il nucleo di una reale devozione. Un atteggiamento intriso di perbenismo e ipocrisia che non può costituire un esempio virtuoso per un figlio così intransigente.

Benché il legame di Proust con la sua parte ebraica sia, per così dire, meno diretto, il giudizio sulla comunità israelita parigina che emerge da un'attenta lettura della *Recherche* è, se possibile, persino più mordace. Il rimprovero rivolto agli ebrei del suo romanzo – Swann, Bloch, Rachel, Bernard, Israël – è di aver cercato in ogni modo di compiacere i Gentili, e per questo di aver ripudiato la parte di sé più autentica e genuina. Proprio come fa con gli omosessuali, Proust accusa di mimetismo gli ebrei della sua cerchia. Un atteggiamento morale basato sulla dissimulazione e sulla menzogna. Del resto, il peso che Proust attribuisce ai cosiddetti atavismi familiari e religiosi sa tanto di condanna. Basta seguire con attenzione l'itinerario compiuto da personaggi come Robert de Saint-Loup e Charles Swann per capire che non c'è modo, anche per chi lo desideri, di liberarsi dal peso insostenibile dei cromosomi.

La vera vita

Quelle di Kafka e di Proust sono dunque esistenze anodine e stanziali, per nulla avventurose, segnate da malattie più o meno immaginarie e ubbie nevrotiche. Ciò che li accomuna è la natura della loro vocazione, un'ispirazione irriducibile che trova il suo spazio privilegiato nella solitudine notturna. Più o meno nello stesso giro di anni, a cavallo tra il 1908 e il 1912, sia la vita dell'uno che quella dell'altro viene risucchiata in un vorticoso turbine creativo.

In un appunto del diario datato 3 gennaio 1912, Kafka ne prende atto in questo modo solenne: "Allorché nel mio organismo fu chiaro che lo scrivere è il lato più fertile della mia natura, ogni cosa vi si concentrò lasciando deserte tutte le facoltà intese alle gioie del sesso, del mangiare, del bere, della riflessione filosofica e soprattutto della musica". Musica a parte, non c'è parola di questo stralcio di diario che Proust non avrebbe sottoscritto con la stessa garbata sicurezza. Ancor più emblematico è ciò che Kafka annota nelle ultime righe di quella stessa confessione: "Non ho quindi se non da eliminare di qui il lavoro d'ufficio e, considerando che la mia evoluzione è ormai compiuta e per quanto io veda non ho più nulla da sacrificare, incominciare la mia vita vera, dove il mio viso potrà finalmente invecchiare in modo naturale col progredire dei miei lavori". È chiaro che Kafka ravvede una relazione di causa ed effetto tra il pieno compimento della propria vocazione e l'invecchiamento fisiologico, come se l'uno fosse speculare all'altro. A colpire è l'espressione "vita vera", utilizzata anche da Proust in una pagina della *Recherche:* "La vera vita, la vita finalmente riscoperta e illuminata, la sola vita, dunque, pienamente vissuta, è la letteratura".

Se la vita vera è l'arte, quella di tutti i giorni cos'è? Evidentemente né Proust né Kafka le attribuiscono un valore fondante. Vivere e scrivere, per loro, sono la stessa cosa. Il 9 maggio del 1912 Kafka appunta: "Vincendo ogni inquietudine mi attengo al mio romanzo, proprio come la statua di un monumento che guarda lontano e si tiene aggrappata alla pietra". Pochi giorni dopo nota come il suo stato d'animo ricordi quello di Flaubert che in una lettera scriveva: "Il mio romanzo è lo scoglio al quale sono attaccato e non so nulla di quanto avviene nel mondo". Ed ecco Proust che nel *Tempo ritrovato* non si fa scrupolo di attribuire alla scrittura una funzione igienica che, date le circostanze (la malattia che affligge sia l'autore che il Narratore), suona a dir poco stravagante: "Scrivere è per lo scrittore una funzione sana e necessaria il cui compimento rende felici, come per gli uomini fisici l'esercizio, il sudore, il bagno".

E dire che non è sempre stato così. Per quanto precoce sia stata la loro vocazione, per anni sia Kafka che Proust hanno cercato, ciascuno nel modo che gli era proprio, di conformarsi al modello di vita auspicato dai loro rispettivi milieu. Il senso d'inadeguatezza che Kafka lamenta è proverbiale, per non dire dei progetti coniugali non meno velleitari e strazianti di quelli del giovane Kierkegaard:

> Incapacità di sopportare la vita da solo, non già incapacità di vivere; tutt'altro, è persino improbabile che io sappia vivere con qualcuno, ma sono incapace di sopportare da solo gli assalti della mia propria vita, le esigenze della mia persona, l'attacco del tempo e dell'età, il vago impeto della voglia di scrivere, l'insonnia, la vicinanza della folla: tutte cose che sono incapace di sopportare da solo. Forse, aggiungo beninteso. L'unione con F. darà alla mia vita una maggior forza di resistenza.

Quanto a Proust, ha trascorso l'intera giovinezza ad accreditarsi come uomo di mondo e a gestire nel modo più maldestro pulsioni omosessuali con cui stentava a venire a patti. Falliti nei loro intendimenti, hanno dovuto raggiungere la maturità per lasciarsi andare a quella smania creatrice che mette tutto il resto in second'ordine.

Ciò non significa che scrivere per loro sia una cosa naturale. Non lo è affatto. I progressi sensazionali ottenuti nel giro di pochi anni da entrambi sono il frutto di uno sforzo poderoso e di una scelta di vita estrema (e, secondo gli standard borghesi delle loro famiglie, quanto mai autolesionista).

La talpa e il gufo

Non solo i racconti di Kafka, ma anche le sue lettere, per non dire dei diari, pullulano di animali. Come un novello La Fontaine, Kafka getta sul mondo animale uno sguardo pieno di curiosità e commozione. Al contrario del grande favolista francese, però, Kafka non scrive di animali per parlare di uomini. Il suo approccio è più complesso e sfumato. Certo, ad avvincerlo è la bestialità degli uomini, ma soprattutto l'umanità delle bestie.

Le bestioline di Kafka sono fragili e inoffensive. La maggior parte di esse, non tutte, occupa il gradino più infimo della catena alimentare: insetti, topi, sciacalli. Benché la celebrità sia toccata, per ovvie ragioni, al maestoso insetto in cui si trasforma Gregor Samsa (il vertice della sua arte), la più rappresentativa di tutte mi sembra la talpa.

Ne *L'altro processo*, Canetti analizza una lettera giovanile a Max Brod. Per distinguerla da tutte le altre la chiama la "lettera della Talpa". In essa Kafka racconta all'amico di uno strano incidente occorsogli al parco durante una passeggiata: l'aggressione – da lui goffamente sventata – del suo cane a una talpa. La descrizione che fa dell'animaletto, del suo spavento, della sua disperazione, è di una straziante vividezza, ma ancora più interessante è il senso d'identificazione che lo sgomento roditore scatena nel padrone del cane: "Scaviamo come talpe gallerie sotterranee, e usciamo tutti neri e con un pelo come velluto dai nostri monticelli di sabbia crollata, i poveri piedini rossi tesi a invocare tenerezza e pietà".

Non sarà facile per lui togliersela dalla testa, quell'inoffensiva bestiolina in preda al panico. Riemergerà a più riprese negli angoli più angusti della sua opera, in particolar modo nell'ultimo racconto, sulla cui compiutezza la critica si ostina a interrogarsi: *La tana*. Si tratta del lungo soliloquio di un animaletto (probabilmente una talpa, ma Kafka non lo dice) totalmente incentrato sul covo sotterraneo che ha costruito a fatica e che servirà ad affrontare la vecchiaia incipiente. Attribuire un significato simbolico ai racconti di Kafka non è solo un esercizio infruttuoso, ma anche un oltraggio alla sua divina arte narrativa. La forza di un racconto del genere è tutta nel truce realismo. La tana in questione è tutto fuorché un simbolo. La descrizione che ce ne viene fatta è talmente concreta e vivace che nel leggerla si avverte il profumo della terra fresca, l'odore del bosco circostante, e persino l'acre lezzo delle vettovaglie accumulate per l'inverno. E tuttavia è chiaro che questa benedetta tana appartiene all'immaginario kafkiano in modo penetrante e indelebile. Come la torre di Montaigne, come la soffitta di

Flaubert o le stanze agognate da Pascal e da Woolf, la tana è per Kafka la fortezza da erigere a protezione della propria solitudine. "La caratteristica più bella della mia tana è però il suo silenzio. Esso, certamente, è ingannevole perché può essere infranto da un momento all'altro, e allora tutto finisce (...) È bello avere una tana come questa per la vecchiaia ormai alle porte, essersi messi al riparo sul far dell'autunno." Tra le molte difficoltà che Kafka dovette affrontare, nel corso di una vita nient'affatto facile, la più annosa riguardava lo spazio in cui scrivere. Se non per la parentesi rappresentata dall'anno in cui utilizzò l'appartamento messo a disposizione dalla sorella, e le stanze d'albergo e del sanatorio in cui trascorse i suoi ultimi mesi di vita, Kafka scrisse la maggior parte delle sue cose nella cameretta posta al centro della dimora paterna. Un luogo angusto esposto al baccano e alle ingerenze di una famiglia numerosa e molesta. Per anni non fece che coltivare il sogno di uno spazio confortevole e isolato in cui scrivere. In una delle lettere alla prima fidanzata, Felice Bauer, scrisse:

> Una volta mi hai scritto che ti piacerebbe sederti accanto a me mentre io sto lavorando; tieni conto però che in tal caso non potrei scrivere (...) scrivere significa aprirsi a dismisura (...) perciò uno che sta scrivendo non sarà mai solo abbastanza, e mentre scrive non ci sarà mai silenzio abbastanza intorno a lui, e la notte non sarà notte abbastanza. Per questo il tempo che abbiamo a disposizione non ci basta mai, lungo infatti è il cammino, e smarrirsi è così facile (...) Ho già pensato più volte che il modo migliore di vivere per me sarebbe di stare rinchiuso con una lampada e l'occorrente per scrivere nella stanza più remota di un vasto scantinato. Qualcuno mi porterebbe il cibo posandolo, lontano dalla mia stanza, dietro la porta più esterna dello scantinato. Io andrei a prenderlo fin lì passando in veste da camera sotto tutte le volte della cantina, e questa sarebbe la mia unica passeggiata. Poi

ritornerei al mio tavolo, mangerei lento e assorto, e subito dopo riprenderei a scrivere. Che cosa non scriverei, allora! Da quali profondità scaturirebbe la mia scrittura.

Di passi del genere, tratti da lettere e diari, potrei citarne a iosa. Che la chiami tana, scantinato o soffitta, Kafka sogna un rifugio protetto, sotterraneo, inaccessibile, il più lontano possibile dai commerci e dal rumore della civiltà. Avido com'è di solitudine, silenzio e concentrazione, non chiede che di starsene per conto proprio. Agli animali come la talpa non invidia solo l'olfatto e il tatto, ma anche il tenore di vita agreste, autonomo e solitario condotto ai margini del mondo, in luoghi talmente oscuri e impervi da scoraggiare ogni possibile molestatore dal raggiungerli. Ciò non significa che la tana sia un posto sicuro. Su questo la talpa-Kafka non si fa illusioni: non c'è modo di difendersi dai predatori che la braccano. Ne avverte la presenza ostile ovunque. Subdoli e famelici come sono, possono giungere sia da fuori, dal mondo di sopra, sia dalle viscere della terra. Per il momento non le resta che aspettare, godere come può dell'oscura cavità in cui è andata a seppellirsi, ben sapendo che per sopravvivere prima o poi dovrà lasciarla incustodita e avventurarsi in quel vasto mondo irto di incognite e minacce. "Non appena io mi muovo in direzione dell'uscita, anche se da me ancora la separano gallerie e spiazzi, ho subito la sensazione di finire in un'atmosfera densa di pericoli, a volte mi pare di sentirmi diradare il pelame come se stessi restando lì con la mia carne nuda e cruda e come se in quell'istante venissi accolto dalle urla dei miei nemici."

Più ci si addentra nel racconto, più si capisce che la tana non è solo un domicilio romito ma anche un'architettura complessa frutto di un lavoro di scavo e di una paziente opera di manutenzione. L'impegno profuso per allestirla è pari al piacere che si prova nell'abitarla. La talpa è tutto fuorché un essere contemplativo e indolente. La tana non le offre solo un posto in cui vivere in relativa serenità ma anche una ragione di vita. In questo sì che l'ultimo racconto di Kafka, il suo testamento letterario, ha una forte valenza metaforica. La tana è insieme il luogo protetto in cui attendere all'opera, e l'opera stessa.

> Quando esco fuori, devo quindi vincere fisicamente anche la pena procuratami da questo labirinto, mi irrita e insieme mi commuove il fatto di smarrirmi, a volte per un istante, nella mia stessa creazione; e la mia opera pare ancora volersi sforzare di dimostrare il suo diritto all'esistenza, proprio a me che pure mi sono già fatto un giudizio da un pezzo.

Come notò a suo tempo Samuel Beckett, e più di recente Daria Galateria in un libretto assai spassoso, anche Proust coltivava bizzarre curiosità nei confronti del mondo animale. In un passo di *Sodoma e Gomorra* eccolo presentarsi al lettore come "lo strano essere umano che, aspettando che la morte lo liberi, vive con gli scuri alle finestre, non sa nulla del mondo, sta immobile come un gufo e, come lui, vede un po' chiaro solo nelle tenebre".

Anche qui ci troviamo di fronte a un animale notturno e solitario. Se la talpa è però cieca e reclusa, il gufo è dotato di una vista talmente prodigiosa da consentirgli di violare il mistero delle tenebre. La sintonia tra talpa e gufo si gioca su altri piani: benché in modo diverso, sia l'una che l'altro avvertono un'impellente necessità di vivere al buio e in solitudine. Il passo della *Recherche* che ho appena citato è quello in cui più di qualsiasi altro la differenza tra Narratore e Autore si assottiglia al punto da autorizzare l'ipotesi di una completa identificazione. Lo "strano essere umano" che vive recluso nella sua stanza insonorizzata somiglia come una goccia d'acqua all'uomo di mondo che dopo una vita consacrata ai piaceri e alla dissipazione, per lavorare alla sua grande opera, ha scelto di escludersi dal consesso civile. Convinto, come scriverà qualche centinaio di pagine dopo, che "i veri libri devono essere figli non della piena luce e delle chiacchiere, ma dell'oscurità e del silenzio", ha posto tra sé e gli altri una barriera invalicabile. A ben guardare, le esigenze del gufo proustiano non sono così dissimili da quelle della talpa kafkiana. Lo stile di vita che entrambi sembrano perseguire si ispira, con i dovuti aggiustamenti, al celebre motto benedettino: *ora et labora*.

La ricerca infinita

Spero sia chiaro, a questo punto, che le analogie tra Proust e Kafka non vanno cercate nella biografia, bensì nell'opera. Tanto per dire, di entrambe si può sostenere che siano spudoratamente autobiografiche, ma di entrambe si può sostenere l'esatto contrario: che non lo siano affatto. "L'amore di sé è sempre il principio di una vita romanzesca" afferma Thomas Mann parlando dell'opera di Goethe e di Tolstoj. Con gli aggiustamenti del caso, altrettanto si può dire di quella di Proust e di Kafka. Ciononostante, identificare Proust con il Narratore della *Recherche* è fuorviante quanto sovrapporre Kafka a Karl Rossmann. E tuttavia, sia in un caso che nell'altro, si tratta di tentazioni cui neanche il lettore più avveduto sa resistere. Di recente, Luca Crescenzi, in una pregevole ricognizione intorno alla raccolta *Un medico di campagna* di Kafka, ha notato: "Scrivere la propria autobiografia è una buona cosa, significa rivestire di parole la propria vita, ma scrivere un'autobiografia del tutto incredibile è ancor meglio perché significa indossare una maschera ideale: non quella dell'uomo che si è, ma quella dell'uomo che avrebbe senso essere".

Quando gli chiesero se c'era qualcosa di autobiografico ne *La coscienza di Zeno,* Svevo rispose: "È un'autobiografia ma non la mia". Qualcosa mi dice che se interrogati sulla stessa questione sia Proust che Kafka avrebbero dato risposte analoghe.

La funzione che attribuivano alla narrativa non si esauriva certo in impudiche necessità autobiografiche. Come abbiamo visto, la scrittura era per entrambi un'esigenza talmente inderogabile da compromettere tutto il resto: la salute, gli appetiti, la socialità. Leggendo le lettere di Proust all'indomani della morte di Alfred Agostinelli, il suo amato autista fuggiasco, si stenta a ravvisare la differenza con le elucubrazioni che impegnano il Narratore dopo aver ricevuto notizia della morte di Albertine. Come se la promiscuità tra vita e arte avesse raggiunto un grado di simbiosi alienante. Un vincolo che il gesto di scrivere rende inestricabile.

"Quando io dico una cosa" annota Kafka nel diario "essa perde subito e definitivamente la sua importanza, quando la scrivo la perde lo stesso, ma talvolta ne acquista una nuova..." È chiaro che per lui la scrittura non è, come per il romanziere realista, una mera registrazione della vita in movimento, ma un'avventura dei sensi e dello spirito.

Da questo punto di vista, *Il castello* è il più kafkiano dei romanzi di Kafka. Scritto nove anni dopo la decisione di interrompere *Il processo*, rappresenta, insieme alla *Metamorfosi*, il vertice della sua opera, il libro che più di qualsiasi altro esprime questa fame di conoscenza. Come spesso avviene nei racconti e nei romanzi di Kafka, le disavventure che affliggono l'eroe risultano insostenibili soprattutto al lettore. Tanto per dire, non conosco nessuno che svegliandosi trasformato in un insetto reagirebbe con il pacato stoicismo di cui dà prova il povero Gregor Samsa. Altrettanto si può dire di K. l'agrimensore. Sin dal suo arrivo al villaggio non gliene va bene una, persino Arthur e Jeremias, i suoi aiutanti, gli si mostrano ostili, le vie che dovrebbero condurlo al Castello non fanno che divaricarsi e ricacciarlo indietro, eppure lui non fa una piega.

Gli basta una passeggiata per capire che qualcosa non torna. Il suo desiderio di orientarsi in quel labirinto a cielo aperto viene continuamente frustrato; le domande che pone agli strani individui che incontra, ben lungi dal ricevere risposte, fomentano nuovi interrogativi ancora più perturbanti. E questo non sarebbe niente se il desiderio di capire non lo affaticasse fino all'esasperazione. "Era attratto irresistibilmente dal desiderio di cercare nuove conoscenze, ma ogni nuova conoscenza accresceva la sua stanchezza." Qui sì che lo stato d'animo del lettore si fonde con quello del personaggio. Anche noi, mentre leggiamo, siamo mortificati dal mistero che il Castello incarna, un mistero difeso allo stremo dal contegno dei sospettosi abitanti del villaggio. L'itinerario di K. è lo stesso di chi s'illude che per sbrogliare la matassa della propria vita bastino il buon senso e un po' di fiducia nel prossimo. Non è così. La via della conoscenza è troppo impervia perché l'intelletto umano possa imboccarla a cuor leggero, e con reali aspettative di successo.

Una scoraggiante constatazione che sembra fare il paio con quella con cui Proust apre il *Contro Sainte-Beuve*: "Ogni giorno attribuisco minor valore all'intelligenza". Mi rendo conto che citare questa frase senza offrirle il giusto contesto – come spesso è stato fatto – non sia corretto. Del resto, è da un secolo, ormai, che la critica ne indaga il significato. Su una cosa sono tutti concordi: la diffidenza nei confronti dell'intelligenza, a più riprese ribadita nella *Recherche*, non fa di Proust un alfiere di quel tipo di irrazionalismo assai in voga nella sua epoca. Di scrittori razionali come Proust, e a lui coevi, ce ne sono pochi: forse solo Valéry e Musil. Non c'è artista meno incline a lasciarsi andare a facili sdilinquimenti oracolari. La lucidità di cui il Narratore dà prova quasi a ogni riga deve più alla moralistica classica che all'irrazionalismo romantico.

Per capire tale svalutazione dell'intelligenza, occorre chiamare in causa la questione che Proust considera la più annosa: la memoria. Una facoltà a cui l'intelligenza fornisce un contributo assai modesto. Se lo scopo dell'arte è ritrovare il tempo perduto, restituendo ai ricordi la straziante concretezza che esigono, l'intelligenza non basta. Come capita ai personaggi di Kafka, l'itinerario di conoscenza di sé e del mondo intrapreso dal Narratore si rivela un labirinto pieno di trappole e inganni. "L'immaginazione, il pensiero possono essere macchine in sé meravigliose, ma inerti." Per quanto tu possa interrogarla, l'intelligenza ti darà sempre risposte prevedibili. Fredda e asettica come un notaio, il meglio che tu possa chiederle è di constatare, vidimare, prendere atto e, nei casi migliori, farsi carico del problema. Nulla più di questo. Ciò che il Narratore apprende per caso nella biblioteca di casa Guermantes, in attesa di mescolarsi agli altri ospiti della festa, è che l'opera d'arte cui ben presto si consacrerà, per raggiungere la fioritura auspicata, dovrà subordinare la ragione ai sensi.

> Che fosse appunto e unicamente questo genere di sensazioni a dover condurre all'opera d'arte, avrei cercato di trovarne la ragione oggettiva perseguendo pensieri che non avevo smesso di concatenare nella biblioteca; sentii infatti che adesso la vita spirituale era avviata in me con sufficiente vigore per poterla continuare nel salotto, in mezzo agli invitati, altrettanto bene che da solo nella biblioteca; mi sembrava che da questo punto di vista sarei stato capace, anche in mezzo a quella compagnia così numerosa, di preservare la mia solitudine.

Affidarsi alle sensazioni, anteporle a qualsiasi ponderato ragionamento, dare loro un credito spropositato, è il tributo che il Narratore paga all'ambizione imposta dalla intricata vastità della sua indagine. Ciò che di primo acchito può apparire una conquista, si configura sempre più come una rinuncia e un fallimento. La conoscenza offerta dai sensi, infatti, è per sua stessa natura inefficace e inattendibile, precaria e malcerta. Per quanto circolare possa sembrarci il percorso intrapreso dal Narratore per conoscere se stesso e gli altri, sono parecchie le domande da lui poste che restano inevase. A cominciare da quelle che riguardano il più inestricabile dei misteri: la vocazione.

Così tutta la mia vita sino a quel momento avrebbe e non avrebbe potuto essere riassunta sotto il titolo: Una vocazione. Non avrebbe potuto perché la letteratura non aveva svolto alcun ruolo nella mia vita. Avrebbe potuto perché questa vita, il ricordo delle sue tristezze, delle sue gioie, formavano una riserva simile all'albume contenuto nell'ovulo delle piante da cui questo trae il nutrimento per trasformarsi in seme quando ancora si ignora che si sta sviluppando l'embrione della pianta, già sede tuttavia di fenomeni chimici e respiratori segreti ma molto attivi.

Si ha un bel dire che i romanzi di Kafka siano tutti incompiuti. Di fatto, si può affermare altrettanto della *Recherche*. È molto probabile che se la salute lo avesse assistito, procrastinandone la morte di qualche anno, Proust avrebbe proseguito nel lavoro che lo impegnava da più di un decennio trovando nuovi stimoli e battendo strade per noi inimmaginabili. Perché la *Recherche* ha questo di speciale: è un cantiere a cielo aperto, un organismo in perpetuo divenire. La ricerca, cui allude il titolo, è senza fine. Benché il suo incipit e il suo explicit la rendano un ecosistema conchiuso, trova sempre il modo di espandersi, come il baule magico dei grandi illusionisti ebrei.

A rendere la *Recherche* così affine all'opera di Kafka è la sua natura sperimentale, avventurosa, l'impegno che esige.

Scrivere per conoscere

Leggi Dickens e Tolstoj e ti dici che un romanziere più lontano di così non possa spingersi. Leggi Proust e Kafka e pensi pressappoco la stessa cosa. Forse il modo per tenere assieme due impressioni così evidentemente inconciliabili è tornare a interrogarsi sull'essenza del romanzo. Una questione su cui grandi narratori del passato, James, Forster, Chesterton, Kundera, hanno espresso pareri autorevoli e, almeno su un punto, singolarmente consonanti: la natura flessibile del romanzo. Certe volte viene da chiedersi se non sia tale duttilità ad aver contribuito a rendere questa forma letteraria così longeva. Il romanzo è un genere sporco, mimetico, perfettamente adeguato ai gusti e alle necessità della classe sociale cui si rivolge e da cui trae linfa e ispirazione: la borghesia. Chi a un libro chiede certezze e indicazioni per vivere bene è meglio che lasci stare i romanzi. Non solo le risposte che essi sono in grado di fornire appaiono ambigue e malferme, ma gli ideali che essi propugnano, ammesso che li si possa considerare tali, si incarnano in personaggi di dubbia moralità come Emma Bovary, Lucien de Rubempré, Thomas Buddenbrook.

Se è giusto affermare che il romanzo nasca con Rabelais e Cervantes lo è altrettanto specificare che tale primato vada condiviso con Montaigne. La frattura tra l'individuo e il mondo inaugurata da *Don Chisciotte*, l'ironia dissacrante che irrora ogni pagina del *Gargantua* trovano una sorprendente risonanza nelle scettiche divagazioni sulla natura umana di Montaigne. Il mondo è un mistero indecifrabile di fronte al quale l'individuo è impotente. È questo il tipo di disagio con cui il romanziere deve imparare a convivere: per farlo è costretto a adattarsi alle circostanze, come certe specie animali che si adeguano all'ecosistema di cui fanno parte.

Per Milan Kundera la storia del romanzo coincide con l'evoluzione delle sue forme espressive: ogni grande romanziere, afferma Kundera, ha rinnovato il genere imboccando strade mai battute prima. Non so se essere d'accordo con lui. A me pare che la forza del romanzo si esprima nella sua abilità di conformarsi allo status quo, di farsi carico in modo imprevedibile dello spirito del tempo. Se c'è spazio per farlo, progredisce, se non c'è, resta fermo, e talvolta, quando gli conviene, non si fa scrupoli a tornare indietro.

Chi si ostina ad accusare *La Storia* di essere un romanzo passatista, nostalgico, pateticamente anacronistico non tiene conto – talvolta in perfetta malafede – delle necessità impellenti che animavano Elsa Morante. Per affrontare la crisi d'identità che il romanzo stava attraversando all'inizio degli anni Settanta, per liberarlo dalle paludi dell'intellettualismo sperimentale in cui rischiava di infognarsi, occorreva tornare all'origine, e quindi scrivere un romanzone come *La Storia*: un'opera solo in apparenza tradizionale, in realtà irrorata dagli umori dell'epoca in cui fu concepita. Ciò che allora, nel fuoco della controversia, sembrò ad alcuni un passo indietro, alla lunga si configurò come un vero e proprio rinnovamento.

Ecco perché posso affermare che Dickens e Tolstoj non avrebbero potuto spingersi oltre. In sintonia con i loro tempi, Dickens e Tolstoj erano attratti da ciò che conoscevano. Per questo non vedevano l'ora di esprimere quel che, a costo di mille battaglie, erano riusciti a capire delle persone e del mondo. Non sempre ci riuscivano. Le difficoltà che incontrò Tolstoj nell'identificare il movente che porta la Karenina al suicidio lo spinsero a inventare di sana pianta una nuova tecnica narrativa: il monologo interiore. Quanto a Dickens, sarebbe sciocco non riconoscergli un interesse precipuo per il sovrannaturale. Ciò detto, i loro romanzi sono illuminati dalla grazia dell'onniscienza. Il dominio che esercitano su ciascun personaggio si configura come un'autentica tirannia.

Non altrettanto si può dire di Proust e Kafka, la cui inchiesta romanzesca è protesa soprattutto verso ciò che non può essere conosciuto. A rendere l'esperienza del Narratore della *Recherche* e quella dell'agrimensore così affini è l'indecifrabilità del reale. Se Proust cerca conforto nelle Grandi Leggi che regolano il corpo sociale, Kafka, non disponendo di alcuna certezza, brancola nel buio.

Per illustrare il penoso stato d'animo che li affligge mi affido volentieri a quanto Borges scrive a proposito dei *Dialoghi* platonici:

Ma va anche detto che Platone aveva nostalgia di Socrate. Dopo la sua morte diceva a sé stesso: "Che cos'avrebbe detto Socrate su questo mio particolare dubbio?". E così, per poter ascoltare di nuovo la voce del maestro che amava, scrisse i dialoghi. In alcuni di questi, Socrate incarna la verità. In altri, Platone mette in scena i propri stati d'animo. Altri ancora non arrivano, invece, ad alcuna conclusione perché Platone, scrivendoli, sta ancora pensando: non conosceva l'ultima pagina, lasciava la sua mente libera di vagare, incarnandoli in altri personaggi.

Tra i motivi che spingono a scrivere che ho cercato di illustrare in questo libro, il desiderio di conoscenza mi pare non solo il più nobile, il più estenuante, il più difficile da perseguire, ma anche il più artisticamente proficuo. A distinguere gli scrittori che ne hanno fatto il fulcro della propria vocazione è un sentimento che coniuga impulsi solo in apparenza in contrasto: umiltà e ambizione.

Per quanto incomparabili, gli stili di Proust e di Kafka hanno soprattutto questa cosa in comune: un'attitudine alla cautela e alla sospensione. La proverbiale ipotassi proustiana trova una singolare consonanza nel ricorso ossessivo di Kafka, che nelle lettere si fa persino esasperante, a parentesi, incisi e scorbutici cambi di passo. Proprio come il Platone di Borges, sia Proust che Kafka procedono a tentoni, quasi ignorassero la meta verso cui sono diretti.

Indice

PEFC

PEFC/18-32-03

Certificato PEFC
Questo prodotto è realizzato con materia prima da foreste gestite in maniera sostenibile e da fonti controllate
www.pefc.it

Mondadori Libri S.p.A.

Questo volume è stato stampato
su carta HOLMEN
con fibra vergine proveniente da foreste sostenibili holmen.com/paper
presso ELCOGRAF S.p.A.
Stabilimento - Cles (TN)

Stampato in Italia - Printed in Italy